人生の目的

旅人は、無人の広野で
トラに出会った

高森 顕徹 監修
高森 光晴・大見 滋紀 著

画 茂本 ヒデキチ

1万年堂出版

人生の目的

高森 顕徹 監修

高森 光晴・大見 滋紀 著

画　黄本 ひろみ

1万年堂出版

人生の目的

旅人は、無人の広野で
トラに出会った

もくじ

第1章

私とは、どんな者か

「私とは、どんな者か」を、正しく知らねば、
幸せにはなれない ………………………… 13

第2章

ブッダのたとえは、何を物語っているか

1 無人の広野を独り行く旅人 ………………………………
◆この孤独は、どこからくるのか
………………………… 40

もくじ

◆ 出会いがあれば、必ず別れがやってくる

◆ 一緒に居ても相手にされない、
　独りぼっちの淋しさは耐えがたい

◆ どれだけ大勢の人に囲まれていても、
　どこか淋しい

2 広野に散らばる白骨 ……………… 52

◆ 自分も、こんな白骨になるのか

3 追いかけてくるトラ ……………… 58

◆ 死は、突然、背後から襲ってくる

◆ いつまでも他人の葬式ばかりではない

4 断崖上の松の木 ……………… 72

◆ 最期は、すべてから見放されて、
　独り、死出の山路を行かなければならない

5 細い藤ヅル ……………………… 78

◆ 命の短さを感ずるほど、
　人間らしい生き方ができる

6 窮地に立った旅人 ……………… 83

◆ どんな恐怖も、次第に薄れていく

もくじ

7 白と黒のネズミ

◆ 昼と夜が交互に命を縮めている ……… 87

8 三匹の毒竜 ……… 90

◆ 私たちの心には、
毒を持つ三つの煩悩がある

◆ 限りなき欲に振り回されて、苦しんでいる

◆ 欲望が妨げられると、
怒りの炎が燃え上がる

◆ 人をねたんだり、うらんだりする醜い心

9 怒濤逆巻く深海 ……………………100

◆ 自分のやった善行は自分に善果を生みだし、
　自分のやった悪行は自身に悪果を生みだす

◆ 言葉の魔剣で、
　どれだけ多くの人を、傷つけてきたか分からない

◆ 生き物を殺さずして、生きていけない

◆ 浦島太郎は、
　本当に、心の優しい人だったのか

◆ すべての人を、
　悪人というのはおかしいのか？

もくじ

10 五滴のハチミツ …………… 140

◆ 食欲、財欲、色欲、名誉欲、睡眠欲の
　五つの欲には、魔力がある

◆ 言葉を尽くして一大事を説けども、
　信用する者少なし

◆「死んだらどうなるか」
　人間の知恵では、サッパリ分からない

◆ 地獄の苦しみは、
　どんな言葉を駆使しても表せない

◆ 悪人は悪を行った結果、この世も苦しみ、
　死後も苦しむのである

第3章

絶望の闇を破る光あり

細い藤ヅルにぶら下がりながら、
ハチミツに心を奪われている旅人を救うには

◆ 生存中に、絶対の幸福に救い、
必ず極楽浄土へ往ける身にさせる

◆ 人間に生まれたことは、とても有り難く、
素晴らしいことなのだよ

◆ 今生こそ苦界から離脱するチャンスなのだ

◆ この世から永遠の幸福になることこそが、
人間に生まれた唯一の目的なのだよ

151

もくじ

後記

ブッダとは、どんな方であったのか 182

◆ 老、病、死を超えた幸せを求めて

◆ 経典は、ブッダの講演集

第 1 章

私とは、どんな者か

「私とは、どんな者か」を、
正しく知らねば、
幸せにはなれない

最初のページのカラーの絵をご覧ください。これは、約二千六百年前、イ
ンドで活躍されたブッダが、大衆を前に説かれた「人間の実相」を描いた絵
です。

怒濤逆巻く深海の上に、細い藤ヅルに、ぶら下がっている旅人の姿——。

これが、すべての人間の実相だと説かれた、ブッダの人間像です。

第1章　私とは、どんな者か

時は流れて、約二千四百年後。

「人間とは何ぞや」を追究するロシアの文豪トルストイが、ブッダのこの譬え話を知り「これは寓話どころの騒ぎではなく、まことの、議論の余地のない、誰もが承知している真理なのである」※と驚嘆しています。

トルストイが衝撃を受けた、ブッダの譬え話とは、どんなものだったのでしょうか。

ある時、ブッダの講演会の大衆にまじって、一国の王である、勝光王が来場していました。

ブッダは、初めて仏の教えを聴く勝光王に、優しく語りかけるように話し始められました。

※ 『懺悔』トルストイ（著）中村融（訳）

まず「私とは、どんな者か」「人間とは如何なる者か」を、正確に理解し

なければ、生きる目的も分からず、幸せになることもできないのです。

それで今日は、「私たち人間の実相」を譬えをもって話しましょう。

勝光王よ、それは今から幾億年という、昔のことである。

ぼうぼうと草の茂った、果てしない広野を、独りトボトボと歩いてゆく旅

人がいた。

16

季節は木枯らしの吹く淋しい夕暮れだった。

やがて家路を急ぐ旅人に、ウス暗い広野の道に点々と散らばっている白い物が目につき始め、思わず立ち止まった。

一体、なんだろうと、その白い物を一つ手にとった旅人は驚いた。人間の白骨ではないか。

火葬場でもない、墓場でもない広野の道に、なぜ、こんなに人間の白骨が散らばっているのか。

不気味に感じた旅人は、あたりを見わたして立ちすくんだ。

やがて間もなく前方から近づいてくる、異様な唸り声と足音らしいものが聞こえてきた。

獰猛そうなトラが、こちらに向かって近づいてくるようだ。

耳をそばだてて旅人は、ウス闇を透かして前方を凝視すると、見るからに獰猛そうなトラが、こちらに向かって近づいてくるようだ。

旅人は、とっさに直感した。

散らばっている白骨は自分と同じように、この広野を行った旅人が、あのトラに食われた残骸に違いない。

20

彼らと同じ運命が、刻々と我が身にも迫っている危機を察した旅人は、無

我夢中で今来た道をUターンし、力の限り走り続けた。

て、それら、すべてを道端に投げ捨てて走り続けた。

初めは出稼ぎで獲た金銀財宝の荷物を背負ったままで走っていたが、やが

しかし、所詮はトラと人間とのかけっこである。

トラはどんどん距離を縮めて迫って来る。

やがてトラの吐く激しい息遣いらしいものを感じ、もうだめかと旅人が観念した時である。どう道を間違えたのか、旅人は断崖に追い詰められていた。しめたとばかりにトラは悠々と迫って来る。

と断念した。

その時、ふと旅人が断崖に生えている大きな松の木を知り、あの木に登って難を逃れようかと一度は思ったが、トラはネコ科の動物、所詮は助からぬと断念した。

同時に旅人は、松の木の太い下枝から藤ヅルが絶壁に垂れ下がっているのを目にした。

間髪いれず旅人は、その藤ヅルを伝って滑り下りたのはいうまでもない。

文字通り旅人は、九死に一生を獲てホッとした。

ひと息ついた旅人が頭上を見上げると、すでにトラは断崖に立ち、無念そうに旅人を見つめて吠えている。

ヤレヤレ、この藤ヅルのおかげで助かったと安堵した旅人が、やがて、アッと頓狂な声をあげた。旅人のぶら下がっている藤ヅルの下には、怒濤逆巻く深海が広がり、絶壁を絶えず激浪が洗っているのを見たからだ。

しかもだ。深海の波間から、青と赤と黒の三匹の毒竜が、上に向かって真っ赤な口を開け、旅人の堕ちてくるのを待ち構えているではないか。

あまりの恐ろしい光景に身震いした旅人は、幾度も藤ヅルを強く握りかえさずにはおれなかった。まさに「前門の虎、後門の狼」で、旅人は絶体絶命に陥ったのである。

26

しかし、人間の感情は、どんな恐怖や悲しみも時が経つにつれて薄れてゆく。

ジタバタしても仕方がないと開き直り、少しは心が鎮まった旅人は、激しい飢えに襲われていた。何か食べ物がないかと周囲を見わたし、ふと頭上を見上げた時である。

旅人が今まで見た、どんな怖ろしい情景よりもショックな光景が飛び込んできたのだ。

藤ヅルの元に、白と黒のネズミが現れ、藤ヅルを交互にかじりながら回っているではないか。藤ヅルは、まさに旅人の命綱である。このまま放置すれば、やがて白か黒のネズミに藤ヅルは噛み切られ、旅人は三匹の毒竜の餌食になるのは必至である。

そんな大危機が刻々と迫っているのを知った旅人は、顔面蒼白、歯はガタガタと鳴り、身の震えが止まらなかった。だが、そんな超緊迫の恐怖もまた、長くは続かなかったのだ。

何よりも早くネズミを追い払わねばならぬと、旅人は必死に藤ヅルを揺さぶった。しかし、藤ヅルをかじるネズミのテンポには、いささかの変化も見られない。

ただ、藤ヅルを揺さぶるたびに何かが落ちてくる。旅人がふと手のひらに受けてみると、なんと、それはハチミツではないか。

藤ヅルの元に、ミツバチが巣を作っていたのだ。激しく藤ヅルを揺らしたので、その巣からミツが滴り落ちてきたのである。

飢餓状態に苦しんでいた旅人は、ひと舐めしたハチミツの美味に五臓六腑が溶かされた。

心身ともにハチミツの虜となった旅人は、我が身に迫る幾多の危機も忘れて、ただ、多くのハチミツを落として、大いに楽しむことしか考えられなくなっていた。

ブッダが、ここまで話されると勝光王が驚き立ち上がって尋ねた。

「ブッダ、なんと恐ろしい話でしょうか。それ以上、聴いてはおれません。

その旅人は、なんと愚か者でしょう。窮地の我が身を知りながら、ハチミツ

なんぞに、なぜ一心になれるのか。バカバカしくて聴いてはおれません」

あきれる勝光王に、ブッダは静かにおっしゃいました。

「勝光王よ、よく聞かれるがよい。この旅人は、そなたのことでもあるので

すよ」

「えっ、どうして私が……」

「いや、そなた、だけのことではありません。古今東西、すべての人間の姿

なのです」

34

第1章　私とは、どんな者か

ブッダの言葉に聴衆は一斉に驚き、総立ちになりました。

ブッダは、大衆の静まるのを待たれてから、譬えのそれぞれが、何を物語

っているかを、懇ろに説き始められました。

35

第2章

ブッダのたとえは、何を物語っているか

1 無人の広野を独り行く旅人

「無人の広野を独り行く旅人」とは、古今東西、すべての人のことです。世間の歌などにも人間を「旅人」に例えられているのは珍しくはありません。昨日から今日、今日から明日へと私たちは旅をしている人に似ています。

旅の道中は晴天ばかりではありません。雨、風、雪の日もあれば、台風に襲われることもありましょう。

また道には上り坂もあれば、下り坂もあります。人生の旅にも調子の良い

40

ことばかりではありません。悲しいことやら辛いこと、苦境に立たされることもあるでしょう。

この孤独は、どこからくるのか

まさに人生の旅もいろいろですが、すべての旅人には共通点があります。

それは、みんな独りぼっちで孤独だということです。

"それは、おかしい" オレには親もいれば兄弟もいる、妻や子供もいれば親友もいる。決して独りぼっちじゃないよ、と反論される方もありましょう。

なるほど、肉体上はおっしゃるとおりでしょうが、私たちの心の底には誰にも打ち明けられない秘密の蔵を持っていると、ブッダは言われています。

だから肉体は、どんな多くの人に囲まれていても、つねに孤独で淋しいものが心の中にあるのでしょう。

まさに「無人の広野を独り行く旅人」の感じなのです。

ブッダは、その孤独を以下のように説かれています。

独生独死（独り生まれ、独り死ぬ）
独去独来（独り去り、独り来る）

（大無量寿経）

私たちは生まれた時も独りなら、死んでいく時も独りです。独りで来て独りで去らねばならぬのです。

始めから終わりまで、独りぼっちの孤独が、私たちだと教えられています。

42

出会いがあれば、必ず別れがやってくる

平成十一年、日本最高の知性ともいわれた江藤淳が、六十六年の生涯に自ら終止符を打ちました。鎌倉の自宅で倒れているのを発見されたのは、慶子夫人を亡くして一年にも満たない日のことでした。

「家内の死と自分の危機とを描き切りたい」と筆を執った『妻と私』は、事実上の遺書といわれます。

と、呟いた。

誰にいうともなく家内は、「もうなにもかも、みんな終ってしまった」

その寂寥に充ちた深い響きに対して、私は返す言葉がなかった。実は

私もまた、どうすることもできぬまま「みんな終ってしまった」ことを、そのとき心の底から思い知らされていたからである。(中略)

薬のせいで気分がよいのか、家内が穏やかな微笑を浮べて私を見詰め、

「ずい分いろいろな所へ行ったわね」

といった。(中略)

「本当にそうだね、みんなそれぞれに面白かったね」

と、私は答えたが、「また行こうね」とは、どうしてもいえなかった。

そのかわりに涙が迸り出て来たので、私はキチネットに姿を隠した。

（江藤淳『妻と私』）

夫人が亡くなり、生きる目標がなくなって残ったのは、死を待つだけの孤独な時間でした。

44

家内の生命が尽きていない限りは、生命の尽きるそのときまで一緒にいる、決して家内を一人ぼっちにはしない、という明瞭な目標があったのに、家内が逝ってしまった今となっては、そんな目標などどこにもありはしない。ただ私だけの死の時間が、私の心身を捕え、意味のない死に向って刻一刻と私を追い込んで行くのである。

（江藤淳『妻と私』）

やるせない哀感が描かれた手記は、短期間に反響を呼びました。

作家・高井有一は、死の二カ月前、江藤淳のこんな言葉を聞いています。

「夜はまだいいが、昼間一人で家にいるのが耐えられない。家の中が隅ずみまで見えると、その空虚さが身に応える」

ブッダの教えに「会者定離」という言葉があります。会った者には必ず離れる定めがある、ということです。

夫婦や恋人、パートナー、親子、親友などとの出会いがあれば、必ず別離の時がやってくるのです。自分の死ぬ時には大事な人たちと永久の別れが必ず来るのです。

一緒に居ても相手にされない、
独りぼっちの淋しさは耐えがたい

家族に囲まれていれば、独りぼっちの孤独感は少しは薄らぐかもしれません。

しかし、老人の自殺率が一番高いのは、三世代同居のケースだという調査結果もあります。孤独も辛いですが、一緒に居ても相手にされない、独りぼっちの淋しさは耐えがたい苦しみのようです。

❖

黒澤明監督の映画「生きる」に、こんな場面があります。

❖

主人公・渡辺勘治は、市役所の市民課長。ある日、耐え切れぬ胃の痛みに仕事を休んで病院へ行くと、末期の胃ガンが判明しました。死の恐怖におびえる人が、まず頼りとするのは家族です。

彼は早くに妻と死に別れ、男手一つで子供を育ててきた。息子だけが明かりでした。

家に戻り相談しようと息子の部屋で待っていると、外出先から帰ってきた

夫婦の会話が聞こえてきました。

息子は父親の退職金を当てにして、妻と二人だけの新居を建てようとしているのでした。ガックリと肩を落とし、病気を打ち明けることすらもできませんでした。

暗くて寒々とした部屋に閉じこもると、二階の息子夫婦の部屋からは陽気な音楽が流れてきます。それが彼の絶望と孤独感を一層かきたてました。

妻との死別後、再婚話もあったが子供のためにと断って、黙々と働いてきたはずだった。

父と子の絆が思い出としてよみがえってくる。

早逝した妻の亡骸を運ぶ霊柩車を息子と二人、じっと見守ったあの日。

息子が野球で活躍する姿を見守っていたあの日。

病気で手術室へ運ばれていく息子を励ましたあの日。

48

第2章（1）無人の広野を独り行く旅人

あの頃のわが子は父一人を頼りにし深い愛情で結ばれていた。

しかし、今となっては夢でしかない。

ワラにもすがる思いの親が、子供を頼ろうとした時、もう、子供の心は離れてしまっていました。主人公は布団に潜り込み、うめくように泣くだけでした。

どれだけ大勢の人に囲まれていても、どこか淋しい

自分には、ちゃんと分かり合える伴侶がいるから、私には大事にしてくれる家族がいるから、長い付き合いの親友がいるから、少なくとも今は孤独ではない、という方もあるかもしれません。

しかし、ブッダは、どんなに信頼できる人が近くにいようとも、私たちの

魂は常に独りぼっちで、淋しいのだと教えられています。どれだけ大勢の人に囲まれていても、どこか淋しい心があるのです。

芥川龍之介は自殺する前に、「たくさんの人が集まっているが、オレは淋しい」と言っています。

私たちは自分を深く理解してくれる人を求めます。そして、そんな人を信頼し親しくなっていきます。

しかし、そんな親子、夫婦、親友であっても、心の中を一切隠さずに、さらけ出すことができるでしょうか。誰もが何人にも言えない孤独の心を持っているのです。

ブッダは、「すべての人が孤独な淋しさを隠して、賑やかそうに振る舞っ

第2章（1）無人の広野を独り行く旅人

ているが、本心は常に淋しさを紛わすために苦心惨憺、旅行に行ったり、美味しい物を食べたり、音楽や美術を鑑賞したりしている。祭りやイベントで大勢の人が集まれば、少しは孤独な淋しさを忘れられないかと努めているが、効果は一時的にしか見られないだろう」と言われています。

ブッダは、何をしても紛らわすことができぬのは「心に秘密の蔵」があり、その蔵の扉を開かねば、一時の喜びや楽しみが終わったあとの孤独感は、「歓楽尽きて、哀情多し」で、一層、募るだけだと教えられています。

ブッダは、私たち人間を、広野を独りぼっちでトボトボと歩いている旅人に例えられていますが、そんな孤独の旅は未来永遠に続くであろうとも説かれています。

② 広野に散らばる白骨

「広野に散らばる白骨に驚く旅人」

家路を急ぐ旅人が、ウス暗い広野の道に点々と散らばっている白いモノに気づき、思わず立ち止まった。

何だろうと旅人は、その白いモノを一個拾って驚いた。人間の白骨ではないか。

第2章（2）広野に散らばる白骨

旅人が広野に散らばっている白骨を拾って驚いたとは、私たちが、日常、知人や友人などの突然の死亡を聞いたり、見たりした時の驚きを例えられているのです。

テレビやラジオ、インターネットなどで、世の中のニュースを瞬時に知ることができる今日では、日々、戦争やテロ、災害や事故、病気などでの死亡の報道が流れます。それが遠国の方よりも、身近な知人や友人ほど私たちは強い衝撃を受けるでしょう。

自分も、こんな白骨になるのか

旅人が広野で白骨を拾ったのは、日暮れの近いウス暗い頃のことでした。立ちどまった旅人は首を傾げて考えます。

こんな墓場でも、火葬場でもない処に？

なぜ人間の白骨が散らばっているのだろう。

一時、立ちすくんで考えた旅人は、やがて我が身と同様に、この広野の道を行った旅人の白骨に相違ないと思えてきた。

そう判断した旅人は、自分もやがてこんな白骨になるのかと慄然とした。

すると遥か前方から異様な唸り声と足音が聞こえてきた。何者かとウス闇を透かして前方を凝視すると獰猛そうな大虎が、こちらに向かって来るのが窺えた。

とっさに旅人は、散らばっている白骨は、あのトラに食われた者の残骸に違いないと確信した。

今日、テレビやラジオ、新聞などで、日々死亡する方を見聞きする私たち

54

は、あたり一面、白骨の散らばる広野を行く、旅人と同じと言えるかもしれません。

浄土真宗の蓮如上人は『白骨の御文章』に、

「朝には紅顔ありて、夕べには白骨となれる身なり」

と、生々しい白骨の広野の情景を説かれています。

朝方は笑顔で出かけた主人の死亡を、夕方に知らされて驚嘆し、悲泣悶絶されたご家族もありましょう。

続いて蓮如上人は、こう諭されています。

すでに無常の風来たりぬれば、すなわち、二つの眼たちまちに閉じ、一つの息ながく絶えぬれば、紅顔むなしく変じて桃李の装いを失いぬるときは、六親・眷属集まりて歎き悲しめども、さらにその甲斐あるべか

らず。（中略）

野外に送りて夜半の煙となし果てぬれば、ただ白骨のみぞ残れり。あ

われというもおろかなり。

（白骨の御文章）

ています。

骨から、やがて自分にもやってくる死の影に驚いて、以下のように書き残し

五十歳近くになったロシアの文豪トルストイも、近辺に無数に散らばる白

こんなことが、よくも当初において理解できずにいられたものだと、

ただそれに呆れるばかりだった。こんなことはいずれも、とうの昔から

誰にでも分かりきった話ではないか。きょうあすにも病気か死が、愛す

る人たちや、私の上に訪れれば（すでに、いままでもあったことだが）

56

第2章（2）広野に散らばる白骨

死臭と蛆虫のほか、何ひとつ残らなくなってしまうのだ。

私の仕事などは、たとえどんなものであろうと、すべては早晩忘れ去られてしまうだろうし、私もなくなってしまうのだ。

とすれば、なにをあくせくすることがあろう？

よくも人間は、これが眼に入らずに生きられるものだ——これこそ、まさに驚くべきことではないか！　生に酔いしれている間だけは生きても行けよう、が、さめてみれば、これらの一切が——ごまかしであり、それも愚かしいごまかしであることに気づかぬわけにはいかないはずだ！

（トルストイ著、中村融訳『懺悔』）

③ 追いかけてくるトラ

「トラ」とは無常（死）のことであり、「追いかけてくる」とは、突然襲ってくることを表しています。

死は万人の確実な未来だが、まじめに考えている人は極めて稀なようです。肉親や知人、友人などの突然の死にあって、否応なしに考えさせられる時は、身の震えるような恐怖や不安を感ずることがあっても、あくまでも一過性ではないでしょうか。

第2章（3）追いかけてくるトラ

すぐに目の前の仕事や人間関係、病気や介護、子育てや金銭問題などに心は埋めつくされていきます。

死は、突然、背後から襲ってくる

たとえ自分の死を確実な未来と納得していても、まだまだ後のことだと先送りして、日々、忙しい忙しいと追い立てられ、あえて自分の死を考えないようにしています。

しかし、そんな私たちの背後には、トラが足音しのばせて近づいているのです。

そしてある時、突然、背後から猛然と襲いかかってくるのが死です。死は

万人の確実な未来であるだけではなく、いつやってくるか分からぬ厄介者でもあるのです。

鎌倉時代の古典『徒然草』には、「死は前よりしもきたらず、かねて後にせまる」と戒めています。

必ず前から来る死であれば「もうすぐ来るぞ」と心構えができますが、気づかれないように後ろから近づいてくるのが死だと忠告しているのです。

ブッダの教えに「老少不定」という言葉があります。

「老」（年長者）が先ず死んで、「少」（若い人）が後に死ぬとは決まっていないことを言われます。

高齢者から順に死ぬのなら、若者は「まだ大丈夫」と安心できましょう。

しかし現実は、年老いた親よりも先に、働き盛りの若者が突然死すること

も珍しくありません。青年や子供が災害や事故などで、命を落としているの

も周知の事実です。

年齢を問わず、すべての人は死と背中合わせに生きていると言えるでしょ

う。

に突然襲ってくる暴力だと、闘病記に残しています。

ガンと十年闘い、世を去った岸本英夫（東大・宗教学教授）は、死はまさ

死は、突然にしかやって来ないといってもよい。いつ来ても、その当

事者は、突然に来たとしか感じないのである。

生きることに安心しきっている心には、死に対する用意が、なにもで

61

きていないからである。（中略）

死は、来るべからざる時でも、やってくる。来るべからざる場所にも、平気でやってくる。ちょうど、きれいにそうじをした座敷に、土足のまま、ズカズカと乗り込んでくる無法者のようなものである。

それでは、あまりムチャである。しばらく待てといっても、決して、待とうとはしない。人間の力では、どう止めることも、動かすこともできない怪物である。

（岸本英夫『死を見つめる心』）

私たちは、「やがて死ななければならないことぐらいは分かっている」と言いますが、「明日は死なないだろう」と思っています。

「明日は死なない」と思っている心は、次の日になっても、また「明日は死

ない」と思う心です。次の日になっても、また「明日は死なない」と思います。

いつまでたっても自分の影を踏めないように、いつまでたっても「明日死ぬ」とは思えないのです。

やがて、必ず死なねばならぬ人間が、いつまでも死なないように思って生きているのではないでしょうか。

そんな私たちに突然やってくるのが、死なのです。「もうすぐ息子が結婚する予定だったのに」「孫の成長を見たかったのに」「やり残したことがあったのに……」など、私たちの都合には全くお構いなく、情け容赦のないトラ（無常）が、突然、襲いかかってくるのです。

ブッダは、死の影に驚く人を四通りの馬に例えて教えられています。

（1）鞭影を見て驚く馬

（2）鞭、毛に触れて驚く馬

（3）鞭、肉に当たって驚く馬

（4）鞭、骨にこたえて驚く馬

一番目の「鞭影を見て驚く馬」とは、騎手の振り上げたムチの影を見て驚き走る馬である。

火葬場に立ち昇る煙を見て「今日も人が死んだのか」と知り、やがて我が身にも襲いかかる死に驚く人をいいます。無常に敏感な人でしょう。

64

二番目の「鞭、毛に触れて驚く馬」とは、騎手のムチが馬の毛に触れただけで走る馬である。

葬式の行列や霊柩車を見て、オレも死んでゆかねばならんのだなぁと、我が身の死に驚く人です。

三番目の「鞭、肉に当たって驚く馬」とは、親戚や隣家の葬式を眼前に見て、我が身の死に驚く人です。

四番目の「鞭、骨にこたえて驚く馬」とは、騎手のムチで肉が破れ、骨に届くまで打たれて、やっと走りだす馬のことである。

肉親を失って初めて我が身の死に驚く人です。

果たして私たちは四通りの馬の、どれに当たるでしょうか。感じ方の差こ

そあれ、私たちが他人の死に驚くのは、やがて自分も死んでいかねばならぬ

ことを意識させられるからではないでしょうか。

いつまでも他人の葬式ばかりではない

「鳥辺山　昨日の煙　今日もたつ

　　眺めて通る　人もいつまで」

鳥辺山とは、現在の京都市内の、かつての地名で火葬場のあった処です。

日々、その近辺を通る人が、昨日も煙がたっていたが「今日もかぁ、よく

人は死ぬのだなぁ」と、眺めて通ります。

翌日も、また煙がたっていた。

「まぁ、よく死ぬ人があるもんだなぁ」と、その日も眺めて通りました。

しかし、その人々も何時まで他人の焼かれる煙を眺めていられるのだろうか。やがて我が身が焼かれる煙を、眺められる時が来るだろうに、と詠まれているのです。

歳を重ねると葬式に参列する機会も増えますが、いつまでも他人の葬式ばかりではないのです。やがて、わが身の葬式に他人が訪れることがあるのです。

今日も交通事故で亡くなる人もあるでしょう。今朝が自分の最後の日だと泣きながら、洗面した方があったでしょうか。

いつもと変わらぬ朝を迎えた人に突然、終末が訪れることがあるのです。

「オレは、いつ死んでもいいと思っている」「死ぬことなんか、なんともな

い」と、安易に語られる方もありますが、他人の死や、想像している死とは大違いなのです。

「今までは　他人のことぞと　思うたに
　　オレが死ぬとは　こいつぁたまらぬ」

眺めている他人の死と、眼前に迫った自己の死は、動物園のトラと、山中で出くわしたトラほどの違いがあるといわれます。

他人の死は、オリの中のトラを見ているにすぎません。山中で突然、出会ったトラではないのです。

ティリッヒ（ドイツの哲学者）は、『生きる勇気』の中で、人間は一瞬たりとも死そのものの「はだかの不安」には、耐えられないと言いました。

第2章（3）追いかけてくるトラ

核戦争が怖い、地震が恐ろしい、環境問題が心配などといわれても、その根底に「死」があるからではないでしょうか。

死と真っ正面に向きあうのは、あまりにも恐ろしいので、病気にならないように食事・運動・睡眠に気を遣ったり、健康診断を受けたり、地震や台風などの自然災害に備えたりして、死のトラから逃げるのに懸命なのです。

いよいよトラに追いつめられた旅人は、出稼ぎで汗と膏で得た金銀財宝も投げ捨てました。

戦後、テレビが普及し始めた頃、特に人気があったのはプロレスでした。当時、プロレスラーの力道山は、世界の強豪を空手チョップで、バッタバッタとなぎ倒し、世界チャンピオンにまでなり、多くの日本人を喜ばせまし

た。

力道山は資産家で、アメリカにも広大な土地を所有し、連れていった妻に飛行機から地上を見下ろし「あそこから、あそこまでがオレの土地だ」と豪語したそうです。

その彼が、飲食店でのトラブルから、腹部を刺されたことがもとで三十代で亡くなりました。

その手術を担当した医師に「金はいくらでも出す、命だけは助けてくれ」と哀願したといわれます。

力道山に限らず、誰しも死を前にすれば、同じ心になるのではないでしょうか。

だが彼の願いも叶わず、亡くなりました。

第2章（3）追いかけてくるトラ

ブッダは、「旅人は、永らく汗水流して稼いだ金銀財宝を、すべて投げ捨てて逃げた」と言われています。

しかし、何人もトラから逃げ切ることはできないのです。

核戦争や環境問題などで人類が滅亡するのでないかの声もありますが、たとえそのようなことがなくても、今生きている人が百五十年も経てば、全員死亡するのです。

たとえ子孫が生き残ったとしても、我が身もやがて死んでゆくという事実を、厳粛に凝視する必要があるのではないでしょうか。

私たち一人一人の背後には、刻々と「死」というトラが迫っています。このトラに噛み殺されるのは、今日か明日かもしれません。

だが、そんな自覚などは全くなしに生きているのが私たちなのです。

71

4 断崖上の松の木

「断崖絶壁まで追いつめられた旅人は、断崖上に生えていた松の木に登り、トラから逃れようかと思ったが断念した。トラは木登りが得意なことに気づいたからだった」

「松の木」に例えられたのは、日頃、頼りにしている家族や財産、お金や健康、能力や社会的地位などです。

いずれも生きていくには大事で必要なものだが、どれだけ、それらに恵ま

れていても、死（トラ）から逃れることはできません。

ブッダは、それをこんな例えで示唆されています。

❖

ある大金持ちの男が、三人の妻を持っていた。

中でも第一夫人を最もかわいがり、寒いと言えば直ちに暖かくし、暑いと言えば直ちに涼しくして、贅沢の限りを尽くさせ一度も機嫌を損なうことはなかった。

❖

第二夫人は、第一夫人ほどではなかったが、種々な苦労をし、激しく他人と争ってまで手に入れた妻だったので、何処にも行かぬよういつも側に置いていた。

❖

第三夫人は、とても淋しい時や悲しい時、困った時だけ呼び寄せる程度の愛でした。

ところが、やがて男が不治の病に罹り、病床に臥すようになりました。

刻々と迫る死の影に怯えた彼は、第一夫人を呼んで、心中の淋しさを訴え、死出の旅路の同伴を頼んだ。

それを聞いた第一夫人は「ほかのこととは違って、死の道連れだけはお受けすることはできません」と、キッパリ断った。

あまりに素っ気ない返事に男は、絶望の渕に突き落とされたような悲哀な心地になった。

しかし男は、どうにも耐えられぬ淋しさに、恥を忍んで第二夫人に訴えてみようと決意した。

すると「貴方が、あれほど愛されていた第一夫人さえも断られたじゃありませんか。私も真っ平ごめんでございます。貴方が私を求められたのは、貴方の勝手です。私から求めた覚えはありません」

第2章（4）断崖上の松の木

案の定、第二夫人の返事も冷淡なものでした。

恐る恐る男は、第三夫人にすがってみた。

すると意外にも「日頃の御恩は決して忘れてはいませんから、村はずれまではご一緒させていただきましょう。でも、その後は勘弁してくださいませ」と、突き放されてしまいました。

最期は、すべてから見放されて、
独り、死出の山路を行かなければならない

ブッダが、この例えで教えられたことは、なんだったのでしょうか、解説しましょう。

第一夫人とは、肉体のことです。肉体とは、死ねば病床でお別れです。

75

第二夫人は金銀財宝です。それらとは、出棺の時に決別しなければなりません。

第三夫人とは、家族や親戚、友人などです。これらの人たちは、火葬場までは来てくれても、その先は連れにはなってはくれません。

肉体さえ大事にしていれば、楽しく長生きできるだろう。お金や財産さえあれば衣食住の心配はなかろう。たとえ大病に罹っても家族が看病してくれるから大丈夫だろうと、いざという時に頼りになるものを集めて私たちは、安心しようとしています。

しかし、どんなに健康な体を持ち、お金や地位や名誉、家族や友人たちに恵まれていても、最期は、それらすべてから見放されて、独り死出の山路を行かなければならないのです。

76

第2章（4）断崖上の松の木

「夢の中　集めた宝　みな置いて
業を荷のうて　一人出てゆく」

人生は一朝の夢ですよ。これも大事、あれも大事と集めた宝をみな置いて、それらを収集するのに造った悪業だけを背負って、一人死んで行かねばなりません。

旅人が「松の木に登っても、トラからは逃れられない」と断念したのは、正解だったと言えましょう。

77

5 細い藤ヅル

「旅人は、松の木の太い下枝から絶壁に垂れ下がっている藤ヅルを発見、即刻その藤ヅルにすがってスルスルと滑り下りた」

旅人がすがって下りた細い藤ヅルは、私たちの短い寿命を例えられています。

ブッダは、人間の寿命は太いワイヤーロープのようなものではなく、いつ切れるか分からぬ極めて細い藤ヅルのようなものだと言われています。

第2章（5）細い藤ヅル

医療技術などの進歩で、人間の平均寿命は延び続けていると言われていて

も、長くても百年くらいのものでしょう。

樹齢何千年とか、四十六億年などと言われる地球の歴史と比べれば、たと

え百年生きたとしても瞬間の寿命と言えるでしょう。

ブッダは、短い私たちの寿命を細い藤ヅルに例えられています。

これから二十年と聞けば、ずいぶん長いように感じますが、「過ぎ去った

二十年を振り返ると、アッという間であった」と思われる方も多いのではな

いでしょうか。

もし、それが八十年だったとしても「あっ、あっ、あっ、あっ」で終わる

のが人生なのです。

命の短さを感ずるほど、
人間らしい生き方ができる

ブッダが、修行者たちに人間の命の長さを尋ねられたことがありました。

最初の修行者は、「命の長さは五、六日間ぐらいでありましょう」と答える

と、次の修行者は「五、六日なんてありません。食事をする間ぐらいであり

ましょう」と反論した。

最後の修行者は「いやいや、命の長さは一息つく間もありません」との即

答でした。

ブッダは、最後の修行者の返答を大いに称讃され、

第2章（5）細い藤ヅル

「そうだ。そなたの言うとおり命の長さは、吸った息が出るを待たぬ短いものだ。命の短さが身に沁みて感ずるほど、人間らしい生きかたを営むようになるのだよ」

と教戒されています。

❖

さらにブッダは、こんな例え話をされています。

❖

ここに、四人の弓の名手がいるとする。その四人が、東、西、南、北に向かって、一斉に矢を放ったとする。

名人たちの放った矢は、目にも止まらぬ速さで、東、西、南、北の、四方に飛んで行く。

同時に俊足の男が走り出し、四人の弓師が放った矢をサッと一瞬に、つか

81

み取ってしまったとする。この男の足は速いだろう。

しかし、それよりもなお速い、アッという間に消えるのが人間の命だよ。

❖

❖

❖

私たちは自分の命が、いつ終わるか知るよしもありませんが、やがて必ず藤ヅルの切れる時がやってくるのです。

自己の藤ヅルの現状を知らないだけで、今にも切れそうな、か細い状態になっているかもしれません。

6 窮地に立った旅人

ヤレヤレこの藤ヅルのおかげで助かったと、一息ついた旅人が、ふと、ぶら下がっている足下を見て、アッと大きな悲鳴を上げた。

真下には怒濤逆巻く深海が広がり、激浪が絶えず絶壁を洗っている。

しかも、深海の荒い波間から、青と赤と黒の三匹の毒竜が真っ赤な口を上に向け、旅人の堕ちてくるのを待ち構えているのを見たからである。

旅人は、あまりの恐ろしい光景に身震いし、再度、藤ヅルを強く握りしめ

ずにおれなかった。「前門の虎、後門の狼」の諺どおり、旅人は絶体絶命の窮地に立たされたのである。

どんな恐怖も、次第に薄れていく

だが、人間の感情は、どんな窮地も恐怖も、時が経つと共に次第に薄れていった。

今さら騒いでも仕方がないと、少々心が鎮まった旅人は、激しい飢餓に襲われていた。

なにか食べ物がないかと辺りを見わたしていた旅人が、ふと頭上を見上げて、再度、驚くべきショックな光景を目撃する。

第2章（6）窮地に立った旅人

藤ヅルの元に白と黒のネズミが出現し、藤ヅルを交互にかじりながら回っているではないか。藤ヅルは、まさに旅人の命綱である。

このまま放置すれば、やがて白か黒のネズミに藤ヅルは噛み切られ、旅人は三匹の毒竜の餌食になるのは必至である。

旅人は苦しい飢餓状態も忘れて、ネズミの追放に追われることになった。

旅人は、まず激しく藤ヅルを揺さぶったが、藤ヅルをかじりながら回るネズミのテンポには、なんの変化も見られなかった。

ただ、藤ヅルを揺さぶるたびに何かがポタポタ落ちてくる。

旅人がふと手のひらで受けてみると、なんと美味しそうなハチミツだった。

藤ヅルの元にミツバチが巣を作っていたのだ。藤ヅルを激しく揺らしたの

で、その巣からミツがしたたり落ちたのである。

飢餓に苦しんでいた旅人は、ひと舐めすると、たちまちハチミツの甘さに五臓六腑が溶かされた。心身共にハチミツの虜となった旅人は、迫り来る幾多の危機も忘却し、より多くハチミツを落とせるか、より多く舐めて愉しめるか、そこで旅人は完全に思考停止状態に陥ってしまったのである。

7 白と黒のネズミ

「藤ヅルの元に白と黒のネズミが現れ、藤ヅルを交互にかじりながら回っている」

ヤレヤレ、この藤ヅルのおかげで助かったと、少しは心が鎮まった旅人だったが、間もなくその藤ヅルの元に白と黒のネズミが現れ、藤ヅルを交互にかじりながら回っているのを目撃して驚いたとは、何を例えられたのでしょうか。

昼と夜が交互に命を縮めている

白いネズミは昼を表し、黒いネズミは夜を例えられています。

藤ヅルを交互にかじりながら回っているとは、昼と夜が交互に私たちの命を縮めていることの例えです。

この白と黒のネズミは正月もお盆も休まずに、藤ヅルをかじり続ける働きモノです。

この二匹のネズミによって私たちのぶら下がっている藤ヅルが、ますます細くなってゆく現象は多岐にわたって現れます。

目はかすみ、耳は遠くなり、歯は抜ける、顔にはシワがより、髪は白くな

88

第2章（7）白と黒のネズミ

り、腰が曲がり、手は震え、足はひょろつく……など、自分の体でありなが

ら、何かと不自由になってゆきます。

果ては、どちらかのネズミによって藤ヅルは、噛み切られてしまうのです。

昼、亡くなられた方は白のネズミに噛み切られ、夜、亡くなられたのは、

黒のネズミに噛み切られた方です。

いずれにしても最後は、白か黒か、どちらかのネズミに噛み切られるので

す。

現在、こうしている間にも二匹のネズミは休むことなく、私たちの細い藤

ヅルをガリガリかじりながら、回っているのです。

時計の秒針が時を刻むと同時に、私たちの藤ヅルはどんどん細まり、遅か

れ早かれ白か黒のネズミに噛み切られてしまうのです。

8 三匹の毒竜

「細い藤(ふじ)ヅルに、ぶら下がっている旅人の足下には、青・赤・黒の三匹(びき)の毒(どく)竜(りゅう)が、鎌首(かまくび)もたげ大きな口を開け、堕(お)ちてくる旅人を待ち構えていた」

|私たちの心には、**毒を持つ三つの煩悩がある**|

この「三匹(さんびき)の毒竜(どくりゅう)」とは、私たちの心の中に常に渦巻(うずま)く「三つの煩悩(ぼんのう)」を例えられたものです。

第2章（8）三匹の毒竜

煩悩とは、文字どおり私たちを煩わせ悩ませ、罪や悪を造らせるものです。

ブッダは、人間は百八の煩悩を持っていると説かれています。中でも、特に罪悪を造らせ苦しませる煩悩が「三つ」あると、「欲」と「怒り」と「愚痴」を挙げられています。

そして、それらを「毒を持つ三つの煩悩」として「三毒の煩悩」といわれ、この「三毒の煩悩」で人間は、日々、罪や悪を造り続けていると説かれています。

　心は常に悪を思い
　口は常に悪を言い
　体は常に悪を行って
　かつて一善もなし

（大無量寿経）

ブッダは、「体」や「口」や「心」の中でも、外に現れる「口」や「体」よりも、目に見えない「心」を最初に挙げられています。

なぜなら、ブッダは、常に「心」を最も重視されているからです。

「心」が命じないことは「口」は言いません。

「心」に反することには「体」は動きません。

「口」や「体」の行動は皆「心」の指示です。

犯罪行為にも実行犯と、それを指示した黒幕がいます。問題はその黒幕にあるのです。

犯行を指示し実行させた黒幕こそが、重罪に

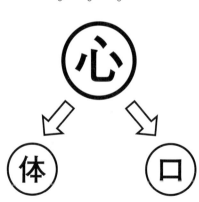

心が命じて、口や体を動かしている

第2章（8）三匹の毒竜

問われて当然なのです。

犯行の実行犯が重罪で、指示した黒幕が無罪放免とはならないのです。

いわば「口」や「体」は実行犯であり、指示したのは「心」なのです。

火の粉は、火の元から舞い上がります。心は火の元であり、口や体は舞い上がった火の粉のようなものです。

消火も火の元に主力がおかれましょう。

口や体の行為は、心の表徴なのです。

ブッダの教えが、常に心に重点がおかれるのは極めて自然なことなのです。

ブッダは、私たちの心の中に、その「三毒の煩悩」のあることを指摘し、「三匹の毒竜」に譬えられているのです。

「三匹の毒竜」に譬えられている「三毒の煩悩」について、再度、解説しましょう。

限りなき欲に振り回されて、苦しんでいる

「欲」の心を「青い毒竜」に、例えられています。

「欲」の心を「黒い毒竜」に、「怒り」の心を「赤い毒竜」とし、「愚痴」の「欲」を「青い毒竜」に例えられたのは、無ければ無いで欲しい、有ればあったで、もっと、もっと際限なく、深まってゆくのが欲の特徴ですから、深まるほど青さを増す海に準えて、「欲」を青色で表されたのかもしれません。

世間を見わたせば、四方八方、限りなき欲に振り回されて悩み苦しみ、罪

第2章（8）三匹の毒竜

を造っている人の如何に多いことでしょう。

限りある身で限りなき欲を満たそうとすれば、我が身も破滅し、多くの人々にも迷惑かけるのは必至でしょう。

私たちは我が身に余裕のある時は、周囲の人や他人のことも考慮しますが、追い詰められると我利我利亡者*の本性が噴出します。

多くの人らを軽視して自己の利益のみを考える、冷淡な心情に変質します。

こんな冷酷な「欲」が原因で、日々、世間でも、多くの犯罪が発生しています。

欲望が妨げられると、怒りの炎が燃え上がる

ブッダが、「赤い毒竜」に譬えられているのは、我が身の欲望を誰かに妨

＊我利我利亡者……自分の利益ばかりを追い求める者。

げられると、メラメラと怒りの炎が燃え上がります。

「アイツのせいで大恥かいた」「コイツの為に大損した」と、憤怒の炎で身を焼きます。

腹が立つと頭に血が上り、顔が真っ赤になるので「赤い毒竜」に例えられたのでしょう。

「怒りは無謀に始まり、後悔に終わる」と言われます。

怒りは、すべてのものを焼き払い、焼け野原に独り立ちすくむ……ことにもなりましょう。

怒りのために言ってはならぬことを放言し、相手を傷つけ後で悔やんで苦しみます。

人をねたんだり、うらんだりする醜い心

次の「黒い毒竜」は、「愚痴」の醜悪さを例えられたものです。俗にいう、ねたみ、そねみ、うらむ、心です。

「勝るを、ねたむ」と言われるように、相手が、才能や美貌、金や財産、名誉や地位が優れていると快く思えない心です。

ライバルが脚光を浴びると、なんとなく不愉快な気持ちになります。

反面、苦難に遭って苦しんでいる人には、「お気の毒に」と慰労の言葉をかけながら、ホッとする心がないとはいえません。

「他人の不幸は蜜の味」と囁かれるように、有名人のスキャンダルや、他家のいざこざを噂話にして楽しむことも、少しも不謹慎とは思ってはいません。

密かに他人の不幸を喜ぶ醜い心を持っています。

ブッダは、愚痴は醜い心だから「黒い毒竜」に例えられたのかもしれません。

私たちの心には、常に、この「欲」や「怒り」や「愚痴」の心が、蠢いてはいないでしょうか。

もしも自分の心が映像になったら、夫や妻、親や子供らに見せられましょうか。

誰しも綺麗なものなら見せたいでしょう。新車を買ったり、おしゃれな服を買ったり、新築の家を建てたりしたら、多くの人に見せたくなります。だが汚い部屋を見せたいとは思いません。

ブッダが、恐ろしい「欲」や「怒り」「愚痴」の心を、「三匹の毒竜」に例えられているのには敬服せずにおれません。

この「三匹の毒竜」によって、生みだされたものが「怒濤逆巻く深海」なのです。

怒濤逆巻く深海とは、一体、何を例えられているのでしょうか。

怒濤逆巻く深海

「藤ヅルにぶら下がっている旅人の足下には、怒濤逆巻く深海が広がっていた」

旅人は、藤ヅルがネズミに嚙み切られると同時に、「怒濤逆巻く深海」に堕ちてゆかねばならぬことを知って、しばらくは呆然として身震いが止まらなかった。

ここで、ブッダの譬えの「三匹の毒竜」や「怒濤逆巻く深海」と、「三毒

第2章（9）怒濤逆巻く深海

の「煩悩」との関係を、ハッキリ知っていただかねばなりません。

譬えでは「三匹の毒竜」とか、「怒濤逆巻く深海」といわれていますが、

それらを生み出したのは、すべて私たちの「三毒の煩悩」の仕業であると、

説かれていることです。

されば「怒濤逆巻く深海」も、欲・怒り・愚痴の「三毒の煩悩」が生み出

したものです。

自分のやった善行は自分に善果を生みだし、
自分のやった悪行は自身に悪果を生みだす

さらに重ねて、ブッダの教えの根幹を明確にしておかねばなりません。

ブッダの、八十年の生涯、一貫して説かれた根幹の教えは「因果の道理」

101

でした。

因果の道理とは、「善因善果・悪因悪果・自因自果」の道理を言います。

「善因善果」とは、善い因は善い果（結果）を生みだし、「悪因悪果」は、悪い因は悪い果（結果）を生みだす、ということです。

「自因自果」とは、自らの行為（因）の結果（果）は、自らに現れることです。

換言すれば、自分のやった善行は自分に善果を生みだし、自分のやった悪行は自身に悪果を生みだすことです。

しかも、私たちの生命は幾億兆年の過去から永遠の未来に至るまで「過去世・現在世・未来世」の三世があると説かれています。

滔々と流れる大河を泳ぐ魚には、自分が大河を泳いでいる自覚は毛頭ない

第2章（9）怒濤逆巻く深海

三世とは

過去世　現在世　未来世

生　死

因果の道理

善因善果　=行為
善い因（行為）は、善い果（幸福や楽しみ）を生みだす

悪因悪果
悪い因（行為）は、悪い果（不幸や苦しみ）を生みだす

自因自果
自らの行為（因）の結果（果）は、自らに現れる

103

でしょう。

ちょうど、大河を泳ぐ魚には大河が見えないように、この世しか分からぬ私たちには自覚はなくとも、私たちの生命は、悠久な過去から永遠の未来にわたって流れていると、ブッダは教えられています。

「因果の道理」は、三世を貫きますから、「三世因果の道理」とも言われます。

されば、ブッダの説かれる「三毒の煩悩」も、現在世のみのことではなく「過去世・現在世・未来世」の三世にわたってのことです。

ブッダは、さらに「三毒の煩悩」で造る罪悪を詳しく十に分けて説かれています。

104

その「十悪」とは、欲・怒り・愚痴・綺語・両舌・悪口・妄語・殺生・偸盗・邪淫を言います。

前述のように、私たちは「三毒の煩悩」で、「心」では誰にも言えない恐ろしい悪や罪を造っています。

その「心」が「口」に表れると、綺語・両舌・悪口・妄語となり、「体」に表れると、殺生・偸盗・邪淫となります。

十悪		
心 ……	欲・怒り・愚痴	
口 ……	綺語・両舌・悪口・妄語	
体 ……	殺生・偸盗・邪淫	

言葉の魔剣で、
どれだけ多くの人を、傷つけてきたか分からない

まず、「口」の悪から検証しましょう。

綺語とは、心にもないお世辞を言って、相手を見下している不遜な言葉です。

両舌は、二枚舌とも離間語ともいわれ、仲の良い人間関係を妬んで、両者を切り裂き、痛快がる言葉を言います。

悪口とは、事実無根なことを言いふらし、気に入らぬ相手を蹴落とすことです。

妄語は、平気でウソをつき相手を愚弄し楽しむことです。

第2章（9）怒濤逆巻く深海

これらの言葉の魔剣で、どれだけの人を傷つけ苦しめてきたことでしょう。

「舌刀」と言われるように、舌を刀として相手を切りつけ苦しめるのです。

言った人には自覚がなくても、言われた人は死ぬまで忘れず苦しみ憎むのです。

不用意に言った言葉で、どれだけ多くの人を傷つけ苦しめてきたか分かりません。「語殺」と言われるように言葉で相手を殺したこともあるでしょう。

生き物を殺さずして、生きていけない

次に「体」で造る罪悪では、生き物を殺す殺生罪、他人の金品を盗む偸盗罪、よこしまな恋愛関係の邪淫罪などが挙げられています。

中でも殺生罪について、検証してみましょう。

私たちは決して、生き物を食べるのは自然の営み、と思っています。しかし、生き物たちは決して、そうとは思っていないでしょう。

大小を問わず、どんな生き物でも死にたくないのが本能でしょう。

船上の魚がピチピチはねるのも、ニワトリが首を絞められてバタバタもがくのも、死にたくないからに違いありません。

映画や漫画などに、時々、人間を食べる者や巨人が描かれます。

もし現実に私たち人間を食べなければ生きていけない怪物が出現したら、どうでしょう。

「あの怪物は、人間を食べねば生きていけないそうだから、食べてもらおう」などと言えるでしょうか。

108

第2章（9）怒濤逆巻く深海

その怪物をどんなに憎み呪うか分かりません。

私たちの親や子供らを美味しい美味しいと、舌鼓を打って食べられたら、

ブッダは、すべての生命は平等であり、上下はないと説かれています。

"人命のみを尊し"とするのは、人間勝手な言い分でしょう。

もちろん、人間たちで決めた法律では、食料として飼育された生き物です

から、罰せられることはありませんが、殺生が恐ろしい罪悪であることには

変わりがありません。

生きるためには仕方がないと思われましょうが、常に真実を説かれた、ブ

ッダは、明らかに恐ろしい罪悪だと教えられています。

「肉や魚は食べてはいるが、自分が殺しているわけではない」と、釈明され

109

る方もあるでしょうが、肉や魚を好んで食べる人があるから生産者は殺して
いるのでしょう。

いわば、私たちが依頼して殺させ、その肉や魚を食べて楽しんでいるのだ
から、自ら殺しているのと同罪だと、ブッダは言われています。

「オレは肉も魚も食べないぞ」と弁明される方もありましょう。

だが、野菜などの生産には、害虫などの駆除に多くの農薬が使われます。
蚊やゴキブリを殺すこともあれば、路上を這う生き物を踏み潰すことも、
どれだけあるか分かりません。

殺生と無関係に生きられる人があるでしょうか。

また、森林伐採による環境破壊や、二酸化炭素排出による地球の温暖化な

110

第2章（9）怒濤逆巻く深海

どで、どれほどの生物が死に追いやられていることでしょう。

私たちの利便な生活の裏には、多くの生物の犠牲があると言っても過言ではないでしょう。　殺生罪を造らずしては、生きていけないのが私たちの実情なのです。

浦島太郎は、本当に、心の優しい人だったのか

いじめられていたカメを助けたのに、竜宮城から帰ると一人ぼっちになり、もらってきた玉手箱を開けると、たちまち白髪の老人になったという物語があります。

みなさんご存じの『浦島太郎』さんです。

この話題が海外で紹介されると、その教訓に戸惑う人が続出したといわれます。

「それ何の教訓？　いじめられていても放っておけということ？」

「乙姫さま（美しい女性）の誘惑に騙されるなということ？」

驚くような意見もあったようです。

まずは、どんな物語だったのか。

浦島太郎の寓話を聞いてみましょう。

❖

漁師の浦島太郎が、漁に行くのに浜辺に出かけると、大勢の子供たちにいじめられている大きなカメがいた。

❖

かわいそうにと思った浦島太郎は、再三再四、子供たちに放免するように

❖

112

第2章（9）怒濤逆巻く深海

説得したが、子供たちは一向に聞き入れません。

そこで情け深い浦島太郎は、子供たちに銭を与えてカメを買いとり海へ放してやりました。カメは、幾度も礼を言って海中に姿を消した。

数日後、舟を浮かべて漁をしていた浦島太郎に、先日助けたカメがポッカリと浮かんで、「この前のご恩返しに今日は、良い処へ案内いたしましょう」と、竜宮城に招待され、乙姫さまに迎えられた浦島太郎は、山海の珍味でもてなされ、夢のような楽しみを満喫しました。

その浦島太郎が故郷に帰って、乙姫さまから贈られた玉手箱を開くと、モクモクと白煙が立ちのぼり、たちまち浦島太郎は白髪の老翁になりました。

❖❖❖

この話を聞いた人たちは「私たちも浦島太郎のように生き物をかわいがる心の優しい人になりましょう」という教訓だろうと思います。

113

では、浦島太郎は本当に生き物をかわいがる、心の優しい人だったのでしょうか。

カメを助けたことは善いことでしょうが、彼の肩に担がれていたのは魚釣り竿でした。これまでも何十万、何百万もの、魚の命を奪った、これからも奪うであろう魚釣り竿を担いでいる浦島太郎は、果たして生き物をかわいがる心の優しい善人と言えるのだろうか、と疑問を持つ人もあるでしょう。

もちろん、浦島太郎は法律上の犯罪者ではありません。倫理・道徳上では善人といえるでしょう。

ただ、人間の都合とは関係なく真実の人間像を説かれた、ブッダは、罪悪を造らずしては生きていけない人間は正真正銘の悪人だと説かれています。

たとえ、生きるためにはやむを得ないとしても、罪や悪を犯した者はその

114

報いを受けなければなりません。

自覚なく罪悪を造りながら瞬く間に時が過ぎ去り、やがて一人ポツネンと晩年を迎えねばならぬ、そんな人間の実相を暗示しているのが浦島太郎の物語だったのかもしれません。

すべての人を、悪人というのはおかしいのか？

ブッダの教えを聞きに来た小学校の校長先生があった。

この先生は、かねてから「ブッダが、すべての人を悪人というのはおかしい。こんど著名な僧侶が来るなら尋ねてみよう」と心待ちにしていた。

そんなこととはツユ知らず、普段のように僧侶は「ブッダの眼からご覧に

なれば、この世に善人は一人もいないのです。みんな悪人ばかりなのですよ」と、いつもと変わらぬ説法でした。

説法が終わるとすぐに僧侶の控室を訪ねた先生は、「貴僧は先ほど、すべての人は悪人だとおっしゃったが、中には善人もいるのではありません。すべての人が悪人となれば学校の教師も悪人となり教育が成り立ちません。以後、ご注意いただきたい」と、苦情を述べて早々に退出しようとしました。

即座に僧侶は、校長先生の前に手をついて、「いやー、先生のような方が参詣されているとは知らず、失礼なことを申し上げました。なにとぞ、ご容赦ください」と、深く頭を下げました。

校長先生は恐縮して、「まあまあ、今後、あのような説法をなされねば結構です」と、急いで立ち去ろうとしました。

116

第2章（9）怒濤逆巻く深海

校長先生が玄関を出ようとした時、僧侶が「先生、ちょっとお尋ねしたいことが……」と、声をかけました。

「何でしょう?」と、立ち止まった先生に、

「先ほど先生は世の中には、善人もいれば悪人もいるのではとおっしゃいましたね」

「あぁ、それが、どうかしましたか」

「そのことで是非、お尋ねしたいことがありまして。先生ご自身は善人でいらっしゃいますか、それとも悪人でいらっしゃいますか、お尋ねしたかったものですから」

校長先生は今さら悪人とは言えないし、さりとて善人とも言いはばかる、返答に窮している先生に「他人のことではありません。先生ご自身のことを

117

「じゃあ、先生は、生徒にウソは善だと教えられていますか、悪だと言われていますか」

「もちろん、ウソは泥棒の始まりだから、悪だと話しています」

「では先生はウソをつかれたことはございませんか」

校長先生でなくとも、ウソは誰しも身に覚えのあることです。

「では、ケンカは善・悪、いずれだと教えられていましょうか」

「悪いに決まっています」

「それでは先生は、夫婦喧嘩なされたことは、ございませんか」

これまた夫婦の仲では日頃、ありがちのことでしょう。

「生き物を殺すことは、子供たちに善だと教えていられますか、悪だと言われていますか」

「言うまでもない。悪だと教えています」

「では先生は一切、生き物を殺されませんか」

「それは……」と、力なく答える先生に僧侶は、

「ならば先生は、ウソもケンカも殺生も悪だと知りながら、日々、なされておられるのではありませんか」

日常、無自覚に重ねている悪を一つ一つ指摘されているうちに、校長先生にも反省の兆しが見えてきました。

やがて玄関に座り込み、「よくよく考えてみると気づかぬことで、どれだ

け悪を造ってきたか分かりません。　先ほどのご無礼お許しくだされ」と、深く陳謝されたといわれます。

それ以来、ブッダの教えを真剣に聞かれるようになったとも伝えられています。

一言で悪人と言っても法律上の悪人と、倫理・道徳上の悪人と、ブッダの教えられる悪人には格段の違いがあります。

それはちょうど、肉眼・虫眼鏡・電子顕微鏡の違いと言えるかもしれません。

同じ人の手のひらでも、肉眼や虫眼鏡で見たモノと、電子顕微鏡で覗いたモノとは、大きな違いがあるようなものです。

肉眼で見た時は「結構きれいな手のひらだなぁ」と思えても、虫眼鏡で見

120

第2章（9）怒濤逆巻く深海

ると「ずいぶん汚れているな」とあきれます。

さらに電子顕微鏡では、ウイルスやバイ菌がウヨウヨしていて驚くかもしれません。

人間たちで決めた法律を肉眼とすれば、倫理・道徳の評価は虫眼鏡でしょう。

それに対して、ブッダの法鏡は、正確無比に映し出す電子顕微鏡ともいえましょう。

前述の、浦島太郎の行為も法律や倫理・道徳の範疇からは善ですが、真実の人間像を映す、ブッダの、法鏡からは悪となるのです。

ここまで小著を熟読してくだされた方は、ブッダの「人間観」をよくご理解くだされたのではないかと思います。

121

悪人は悪を行った結果、この世も苦しみ、
死後も苦しむのである

ブッダが、「旅人のすがっている藤ヅルが切れると同時に、怒濤逆巻く深海に堕ちねばならぬ」と警鐘乱打されています。

その「深い海」とは、一体、どんな深海なのでしょうか。

前述のように、この「深い海」を生み出したのは全く私たちの「三毒の煩悩」なのです。

ブッダは、そなたたちの「欲」・「怒り」・「愚痴」の三毒の煩悩が生み出した「深海」だから、当然、そなたたちの堕ちねばならぬ「深海」であり、地獄だ、と説かれています。

122

ブッダは、それを、こう説かれています。

悪人は、悪を行じて、苦より苦に入る

（悪人は悪を行った結果、この世も苦しみ、

死後も地獄で苦しむのである）

（大無量寿経）

では死後の地獄とは、どんな苦しみの世界なのでしょうか。

ブッダが、ある時、大きな橋の上で辺りをはばかりながら、しきりに袂へ

石を入れている娘をご覧になりました。

自殺の用意に違いないと思われたブッダは、早速、近寄られて優しく事情

123

を聴かれると、相手が、ブッダと知った娘は心を開いて、すべてを打ち明けました。

「お恥ずかしいことではありますが、ある男を愛しましたが、その後、捨てられました。世間の目は冷たく、胎内の子供の将来などを考えますと、死んだほうがマシかと苦しみました。どうか、このまま死なせてくださいませ」

と、娘は泣き崩れるのでした。

哀れに思われた、ブッダは、次のような話をされました。

❖

❖

❖

貴女には、たとえで話そう。

ある所に、毎日、重荷を積んだ車を朝から晩まで牽かねばならぬウシがいた。

そのウシが、つくづく思ったことがあった。

「なぜ、オレは、毎日、こんなに苦しまねばならぬのか。オレを苦しめているのは、一体、なんなのか」と考えたのだ。

「そうだ！　この車さえなければ、オレはこんなに苦しまなくてもよいのだ」

そう思ったウシは、車を壊すことを決意する。

ある日、猛然と走り出したウシは、車を大きな石にブチ当てて木っ端微塵に破壊した。

驚いたウシの飼い主は「こんな乱暴なウシには、もっと頑丈な車でなければ、また壊される」と、今度は鋼鉄製の車を用意したのだ。

今度の新車は、壊した車の何十倍、何百倍も重いものだった。

その重い新車でウシは、前と同じように、毎日、重荷を積んで牽かされ、以前よりも何十倍何百倍、苦しまなければならなくなった。

深くウシは後悔したが、後の祭りであった。

〝この車さえ壊せば、こんなに苦しまなくてもよいのに〟と思ったウシと同様に、この肉体さえなくせば楽になれると、貴女は思っているのだろう。

しかし、今の貴女には分からないだろうが、死ねば、この世の苦しみどころではない、後生は、もっともっと苦しい処へ飛び込まなければならないのだよ。

❖　　❖　　❖

ブッダは、ここで死後を「後生」と言われています。

この娘への教導は、すべての人の「後生」と、決して無関係ではないでしょう。

126

生まれた者は、必ず死にますから「後生」と関係の無い人があるはずがありません。

ブッダは、その後生に「一大事」があると、生涯、厳しく教え続けていられます。

一体、私たちの後生（死後）は、どうなるのでしょうか。

地獄の苦しみは、
どんな言葉を駆使しても表せない

ブッダは、藤ヅルの切れた旅人は、必ず「怒濤逆巻く深海」に堕ちると譬えられています。

「怒濤逆巻く深海」とは、この世のどんな苦しみよりも酷い苦しみを受ける

第２章（９）怒濤逆巻く深海

地獄界を譬えたものだ、と説かれています。

死後の地獄とは、どんな苦しみの世界なのでしょうか。

ブッダは、「地獄の苦しみは、どんな言葉を駆使しても表せない」と言われています。

「それでは例えでなりとも……」と聞く弟子たちに、例えで答えておられます。

「朝と昼と夜の三度に、それぞれ百本の槍で突かれるのだ。その苦しみをどう思うか」と聞かれています。

「一本の槍で突かれてさえ苦しいでしょうに、一日三百本の苦しみは想像を絶します」と弟子たちが答えると、ブッダは、こぶしほどの石を一個拾われて、「この石と向こうに見える、ヒマラヤ山と、どちらが大きいか」と突拍

129

子もないことを尋ねられました。

「それはそれは、とても比較になりません。ケタ違いでございます」と答えると、

「毎日、三百本の槍で突かれる苦しみを、この石だとすれば、地獄の苦しみは、あのヒマラヤ山の如しだ」と言われています。

私たちに地獄の苦しみを分からせることは、犬猫にテレビやパソコンの解説をするよりも不可能であったに違いありません。

「死んだらどうなるか」
人間の知恵では、サッパリ分からない

死後の地獄なんて、昔ならいざ知らず、今日では、おとぎ話ではないかと

第2章（9）怒濤逆巻く深海

嘲笑する人が多いでしょう。

そんな地獄をおとぎ話のように思われる方のご意見は、こんな情景を想起させます。

ウナギたちの生簀の中での会話です。

　❖

「なんて今日は、騒がしいのだろう」

「今日は丑の日とかといって、オレたちが人間どもに食われる日だそうな」

　❖

「えっ、そんな恐ろしい人間というものがいるのか。信じられんなぁ」

「そんなこと言ったって、オレらは人間どもの餌食になっているそうだ」

「誰か戻ってきて、そんなこと言ったものがいるのか」

　❖

「そら、またアイツ捕らえられて、どこかへ連れてゆかれたではないか」

131

「あれは、散歩にでも行ったのでないか。そのうちに帰ってくるさ」

「捕らえられると、頭に錐を立てられ、背中を断ち割られ三つに切られて串刺しにされ、火あぶりだそうだ。どんなに怨み呪っても、言葉が通じない。料理している奴も鬼なら、食べている奴も鬼。八つ裂きにして食うそうな。帰れるはずがないではないか」

◆◆

もちろん、ウナギと人間は大違いだが、人間の知恵では、「死んだら、どうなるか」サッパリ分かりません。

そこで、いろいろな異見が噴出します。

◆◆

「死んだら地獄で鬼に責めたてられる。そんなバカなことがあるものか。鬼でも蛇でも連れてこい。オレが捻りつぶしてやる。地獄とか鬼とか、誰か見てきた者がいるのか。体は焼けば灰になり、魂も同時に消えてしまうだけだ。

132

バカげたことにクヨクヨせずに、飲んで騒いで楽しんだら、それで良いのだ」

「死んだら死んだ時さ。極楽には滅多に往く者がいないそうだから、道には草が生えている。地獄には連れが多いから道に草がないそうだ。草の多い方へ行けば極楽に往けるそうな」

「地獄へ行ってもオレ一人ではないのだ。多くの連れと一緒だから賑やかではないか」などなどです。

しかし、大船が沈没し溺れている者が多いから、オレも溺れてもなんともない、と言えるでしょうか。

世間には、津波にさらわれた人、火災で焼死した人、大事な主人を失った人、独り子を亡くした人、破産した者など、苦しんでいる人が多いのだから賑やかでいいじゃないかと言っておられるでしょうか。

死ぬことを他人事のように思っている時は、「死ぬことなんて、なんともない」と放言していた人でも、一緒に暮らしていた人が突然死すると「あの人は何処へ行ったのだろう。二度とあの人には会えないのか。一体、人間は、何処から来て何処へ行くのだろうか」と、人生の根源的疑問が湧いてくるのです。

「セミは春秋を知らず」で、セミの知恵では、春も秋も分かりませんが、人間の知恵では大体知られます。

「死後は、どうなるか」、有るのか、無いのか、有るなら、どんな処か、私たちの知恵では全く分かりません。

だが仏智を体得された、ブッダには、明らかに知らされたのでしょう。

134

ある時、ブッダに、弟子たちが尋ねています。

「ブッダは、仏のさとりを開かれていますから、何も苦しみになることはないでしょう」

ブッダの返答は、こうだった。

「わが身には、なんの苦悩もなけれども、唯苦になることが、一つある。刻々と地獄の苦が近づいている身でありながら、どんなに説得するも後生の一大事に驚かず、降る雨の如くに地獄に堕つる姿が映る。それが、わが苦しみである」

世間では、地獄と聞くとトラの皮のフンドシの鬼や、湯玉たぎる釜などを連想して、おとぎ話と一笑に付すのは、ブッダの説かれている地獄の実態をご存じないからだと思われます。

ブッダが「地獄」と言われるのは、説くこともできぬ激しい苦しみの世界のことです。

昔のインドの言葉では「ナラカ」といい、中国で「地獄」と訳されました。

今日は、日本でも「借金地獄」と言われたり、悲惨な惨状を「阿鼻叫喚地獄」と表現されます。

されば地獄は遠い何処かにあるのではなく、残酷な激しい苦しみの状態を言うのです。

ブッダは、地獄は現在にも、死後にも存在すると説かれています。

では、そんな地獄はどうして生み出されるのでしょうか。

古歌には、このように詠まれています。

136

「火の車　造る大工は　なけれども

　　己が造りて　己が乗りゆく」

ここで「車」と言われているのは、昔の「荷車」のことです。当時の荷車は木製で、大工さんが造っていました。

「火の車」は、そんな大工さんの造った車ではないけれど、自分の造った火の車に、自分で乗り込み、火に焼かれて苦しんで行くのだと、「己が造りて、己が乗りゆく」と、詠まれているのです。

「自分自身の行った罪悪が、悪因悪果で、火の車（地獄）を生み出し、その火の車に自らが乗り込み、苦しんでいかねばならないのだよ」と諭されているのです。

地獄と聞くと何処かにあるように思われますが、自分の犯した悪の行為が

生み出したものです。

非常に苦しい状態を地獄と言われますが、地獄は、自分（自）の犯した悪い行為（業）が生みだした、苦しみ（苦）の世界だから、漢字三字で、「自業苦」とも言われます。

ブッダの教えに、「自業自得」という言葉があります。

「自業」とは、自分の業（行為）のことです。「自得」とは、自分の行為によって得たもの（結果）を言います。

されば「自業自得」とは、自分（自）の行為によって得た結果をいいます。

世間でも「あんな乱れた生活じゃ、病気になるのは自業自得だよ」「勉強せずに遊んでばかりいたから、落第するのは自業自得だ」などと言われます。

ブッダの教えでは、自分に現れた結果で自業自得でないものは何もないの

138

です。

自分に現れたすべての結果は自業自得なのです。

「怒濤逆巻く深海」も、旅人の欲や怒りや愚痴の「三毒の煩悩」が生み出したものであり、ブッダの譬えでは「三匹の毒竜」が生み出したのが「深い海」であり、地獄なのです。

10 五滴のハチミツ

旅人の頭上には、トラが文字通り虎視眈々と、旅人を狙っている。

旅人のぶら下がっている藤ヅルの真下には、怒濤逆巻く深海が広がり、波間からは、三匹の毒竜が真っ赤な口を開け、旅人の堕ちてくるのを待っている。

藤ヅルの元には、白と黒のネズミが藤ヅルを交互にかじりながら回っている。

藤ヅルはやがて、どちらかのネズミに噛み切られる瞬間が近づいていた。

第2章 (10) 五滴のハチミツ

このような状況下で旅人は、どう考え、何を思案していたのだろうか。

人間の感情は、どんな恐怖も危機感も時の流れと共に薄れてゆく。

今さらジタバタ騒いでも仕方がないと、諦めかけていた旅人だが、白と黒のネズミの行動だけは一刻の放置も許されなかった。

まさに藤ヅルは、旅人の命綱である。旅人は早急に、ネズミの追放に全力あげねばならなかったのです。

まず旅人は藤ヅルを力一杯揺さぶったが、藤ヅルをかじり回るネズミのテンポには、いささかの変化も見られない。

反応といえば、藤ヅルを揺さぶるたびに、身辺にポタポタと落ちてくるモノがあった。ネズミの糞尿かと、初めは思いながらも、旅人が手のひらで受

けてみると、なんとハチミツではないか。

藤ヅルの元に、ミツバチが巣を作っていたのだ。

あまりに激しく藤ヅルを揺らしたので、その巣から滴り落ちたミツだった

のである。

> 食欲、財欲、色欲、名誉欲、睡眠欲の
>
> 五つの欲には、魔力がある

飢餓状態に苦しんでいた旅人は、ひと舐めしたハチミツの美味しさに五臓

六腑は溶かされ、彼は陶酔した。

心身ともに、ハチミツの虜となった旅人は、足元に迫っている危機的状況

もすべて忘却し、もっとハチミツを落とすには？　もっとハチミツを舐める

第2章 (10) 五滴のハチミツ

には？　旅人の胸中には、それしかなくなっていた。

まさに、五滴のハチミツの魔力である。

いMS。それは、食欲、財欲、色欲、名誉欲、睡眠欲の五欲と説かれて

のでしょう。それは、食欲、財欲、色欲、名誉欲、睡眠欲の五欲と説かれて

ブッダが、魔力を持つ五滴のハチミツに例えられたのは一体、なんだった

第一の、**食欲**とは、食べたい、飲みたい心のことです。少しでも美味しい

物が食べたい、飲みたい欲望を言います。

旅行の愛好者は多いでしょう。

観光や温泉も魅力でしょうが、ホテルや旅館の珍味な食事が、旅行の醍醐

味ではないでしょうか。

143

〝好きなモノを食べ、飲みたいモノを飲んで死ねるなら本望じゃないか〟と、一同を笑わせる人もあるくらいです。

第二の、**財欲**とは、金銭や財産を増やしたい欲望です。

どうすれば、もっと儲かるか。

儲け話や資産運用、節税対策などに懸命です。　預金残高の増加を確認して微笑む心です。

欲しかったマイホーム、新車や洋服、カバンや靴などが、入手できると嬉しい心です。

第三の、**色欲**とは、愛欲とも性欲とも言われ、異性との恋愛を求める欲望です。

男女の求愛はもちろん、不倫や三角関係の色恋沙汰で、盗った、盗られたの、愛憎の拗れから、古来、残虐非道な事件が絶えません。好きな男女が接触を求める心を言われます。男女の仲で日々、渦巻いている心です。

第四の、**名誉欲**とは、褒められたい、認められたい、評価されたい心です。コンクールなどで入賞、○○の大会で優勝、大衆の前での表彰なら、天下を取ったようになる心です。

難関の試験を突破して「凄いな」と称賛されたり、役職の地位が上がり、周囲から祝福されれば満面笑顔になりましょう。

第五の、**睡眠欲**は、眠たい、楽がしたい、面倒なことはしたくない心です。目覚ましが鳴っても、あと五分でもベッドにいたいと起床を渋ることもあ

ります。

現今は電化製品で、料理や洗い物、掃除や洗濯などは、大変、楽になりました。これらも面倒なことは避けたいという欲望が、考案し進歩させたものと言えましょう。

考えてみれば、政治、経済、科学、医学、その他の営みは、皆、私たちの五欲を追求するものばかりと言えるかもしれません。

しかしブッダは、日々、どう生きれば、どんな生き方をすれば五欲のハチミツを多く舐められるかで、常に頭がいっぱいなのが旅人（人間）だと、強く反省を促していられるのです。

146

言葉を尽くして一大事を説けども、
信用する者少なし

無論、ブッダは、五欲を満たす楽しみを全面否定されているのではありません。

ただ、旅人である私たちが、白と黒のネズミが交互にかじりながら回っている細い藤ヅルにぶら下がりながら、足下の怒濤逆巻く深海も忘れて、五滴のハチミツしか頭にないのは、大変、危険で恐ろしいことではないかと、ブッダは、「人間の実相」の譬えで警告されているのです。

世人薄俗にして、共に不急の事を諍う　　（大無量寿経）

（世の人々は、目先のハチミツばかりに心を奪われ、
後生の一大事を知らない）

大命、将に終わらんとして、悔懼交至る　　（大無量寿経）

（いよいよ藤ヅルが切れると堕ちてゆく深海の懼れと、
ハチミツに心を奪われてきた、後悔が起きるが、遅いのだ）

ブッダは、警鐘乱打されているのです。

細い藤ヅルにぶら下がりながら、旅人はハチミツを舐めるのに夢中になり、

やがて、白と黒のネズミに藤ヅルは噛み切られ、怒濤逆巻く深海へ堕ちてゆ

第2章 （10）五滴のハチミツ

かねばならない大事を、ブッダは、「後生の一大事」と言われています。その上で、こう悲嘆なされています。

教語開示すれども、信用する者は少なし。
生死休まず、悪道絶えず
（言葉を尽くして一大事を説けども、信用する者少なしで、
抜苦与楽の人なしである）
（大無量寿経）

ブッダは、深く憂慮されているのです。

149

第 3 章

絶望の闇を破る光あり

細い藤ヅルにぶら下がりながら、
ハチミツに心を奪われている
旅人を救うには

ブッダの譬えはあまりにも絶望的で、なんの救いもなかったと、思われた方があったかもしれません。

しかし、ブッダが、これほどまでに赤裸々に人間の実相を露わにされたのは、決して人類を絶望の淵に突き落とすためではなかったのです。

ちょうどそれは、医師が重症患者の精密検査の結果を詳しく患者や家族に説明するのと同様に、今後の患者の治療方針に理解と協力を得るには必要不

152

第3章　絶望の闇を破る光あり

可欠であったからでしょう。

だから医師は、今後の患者の治療方法や薬物の指導などを詳細にしてくれるのです。

決して患者の病状を大まかに、告げるだけの医師はいないのです。

ブッダが、私たちの実相を赤裸々に描写し、日々万人に迫っている後生の一大事のあることを詳細に説かれたのは、その対処法をよくよくご存じだったからです。

ブッダは、すべての人々が今生で後生の一大事を解決し、無上の幸福になれる道を伝えんと、壮大な出世の本懐*に突き進まれたのです。

それでは、今にも切れそうな細い藤ヅルにぶら下がっていながら、五滴の

＊出世の本懐……この世に生まれた目的。

153

ハチミツに心を奪われているような旅人を救う対処法とは、一体、どんなことであったのでしょうか。

ブッダは、出世の本懐の『大無量寿経』に、簡潔に漢字八字で明快に説かれています。「一向専念　無量寿仏」の断言です。

まさに「一向専念　無量寿仏」とは、「無量寿仏に一向専念せよ」との厳命です。

「一向専念　無量寿仏」の八字は、ブッダの、生涯説かれた「一切経」の結論であり、ブッダの、最も肝心な教えだと、親鸞聖人も断定されています。

一体、ブッダの「一向専念　無量寿仏」のお勧めとは、どんなことなのでしょうか。

「一向専念　無量寿仏」のお勧めを簡明に言えば「ただ無量寿仏一仏に、心

154

第3章　絶望の闇を破る光あり

を集中し、無量寿仏のみを、一途に念じなさい」との教えです。

では「無量寿仏」とは、どんな仏なのでしょうか。

これぞ「阿弥陀仏」の別名なのです。世間では、ブッダ（釈迦）も、阿弥陀仏も、同じ仏のように思われていますが、全く違った仏なのです。

ブッダ（釈迦）は、二千六百年前、インドに生まれ、地球上で唯一人、仏のさとりを開かれた方です。

そのブッダが、つねに「阿弥陀仏は、私の師匠である」と、最も尊敬されているのが、阿弥陀仏です。

ブッダは、また「宇宙には地球のような世界が無数に存在し、地球に私（ブッダ）が生まれたように、宇宙には数え切れない仏がおられる。阿弥陀仏は、それら諸仏の師匠でもあるのだよ」と言われています。

155

されば、大宇宙の無数の諸仏たちも、すべて阿弥陀仏のお弟子であり、地球に現れたブッダ（釈迦）も、阿弥陀仏のお弟子の一人だから、阿弥陀仏とブッダは師弟の関係なのです。

その証には、ブッダの説かれた経典には、阿弥陀仏を賛嘆する諸仏の声が、多く聞かれることでも頷けましょう。

阿弥陀仏は、諸仏の中の王なり

（阿弥陀仏は、諸仏の王様である）

（大阿弥陀経）

諸仏光明の王、光明の中の最極尊なり

（阿弥陀仏のお力は諸仏の中で最高である）

（平等覚経）

156

第3章　絶望の闇を破る光あり

ブッダだけではなく、大宇宙の諸仏たちが、「我らの師」と、阿弥陀仏を敬慕されているのです。もちろん、それには訳があります。

阿弥陀仏には、ブッダをはじめ宇宙の諸仏たちにはない、偉大なお徳があるからです。

そのズバ抜けたお徳に対して、阿弥陀仏には、幾多の尊号（別名）が付けられています。中でも有名なのが「無量寿仏」の名称です。されば、ブッダの「一向専念　無量寿仏」のお勧めは「ただ阿弥陀仏一仏に、心を集中し、阿弥陀仏のみを、一途に念じなさい」とのお勧めになるのです。

今にも切れそうな細い藤ヅルにぶら下がりながら、五滴のハチミツに酔い痴れている旅人を救うには、ブッダの力でも、十方諸仏方の力でも、絶対不可能だったのです。

「そんな、すべての仏方から、見捨てられ、怒濤逆巻く深海に堕ち、三匹の

157

毒竜の餌食にならねばならぬ旅人を救えるのは、阿弥陀仏しかないのだから、

唯、阿弥陀仏一仏に向かって、一途に念じなさい」と、ブッダは、生涯、勧

めていかれたのです。

生存中に、絶対の幸福に救い、
必ず極楽浄土へ往ける身にさせる

今までの旅人の言動を知るまでもなく、人間の実相を詳細に観察され、こ

んなに愚かで罪深い人たちを救う能力は、十方諸仏には無いことを、よくよ

くご承知の阿弥陀仏は、「我ひとり、助けん」と、超世の大願をおこされた

のが、有名な「阿弥陀仏の本願」なのです。

その阿弥陀仏の本願には、

158

第3章　絶望の闇を破る光あり

「どんな人でも、生存中の一念に、後生の一大事を解決し絶対の幸福に救い、必ず極楽浄土へ往ける身にさせる」

と誓われています。

人間の約束には裏切られることもありますが、阿弥陀仏の誓約には裏切りはありません。

若し誓約を果たすことができなければ、この弥陀は仏の座から下りましょう、とまで断言されています。

そして阿弥陀仏は、自らの誓約を果たせる力がある「南無阿弥陀仏」の六字の名号を創られたのです。

蓮如上人は、「それ南無阿弥陀仏と申す文字は、その数わずかに六字なれば、さのみ功能のあるべきとも覚えざるに、この六字の名号の中には、無上

甚深の功徳利益の広大なること更に、その極まりなきものなり」

（『御文章』五帖目十三通）

蓮如上人が「無上甚深の功徳利益」と言われている六字の「南無阿弥陀仏」の働きとは、「破闇満願」のことです。

「破闇」とは闇を破り大安心にする働きです。
「満願」とは願を満たし満足させることです。

旅人の、いつ切れるか分からぬ藤ヅルの不安も安心させ、藤ヅルが切れて堕ちる処は極楽浄土と明らかに安心できるのです。

ゆえに、細い藤ヅルにぶら下がり、五滴のハチミツに酔い痴れている者であろうとも、ブッダは、生涯、阿弥陀仏の本願を説くことを出世の本懐となされたのです。

160

第3章　絶望の闇を破る光あり

世に出興する所以は、（中略）群萌を救い恵むに、
阿弥陀仏の本願を以てせんと欲してなり

（大無量寿経）

このブッダの言葉を解説すれば、

「私が、この世（地球上）に生まれたのは、阿弥陀仏の本願を説き、すべて
の人を絶対の幸福に救うためだった」との表白です。

釈迦弥陀は慈悲の父母
種々に善巧方便し
われらが無上の信心を
発起せしめたまいけり

（親鸞聖人の和讃）

161

「阿弥陀仏の本願」とは、どんなお約束か。どうすれば無上の幸福に救われるのか。

ブッダは、八十年の生涯、これらについて、語り続け、説き続けられました。

人間に生まれたことは、とても有り難く、
素晴らしいことなのだよ

そのブッダの教え（仏教）の門前に立つ私たちに、今も語り続けていられる、ブッダの尊い遺訓があります。

第3章　絶望の闇を破る光あり

人身受け難し　今已に受く
仏法聞き難し　今已に聞く

ブッダが「人身受け難し」と言われるのは、すべての人に、人間に生まれた意義を質されているのです。

人間に生まれたことを別に、なんとも思わなかったり、苦しい時は恨んだり、後悔したりしていませんか。それではもったいない限りだよ。人間に生まれたことは、とても有り難く、素晴らしいことなのだよ、と、ブッダが、諭されているのが「人身受け難し」の遺訓なのです。

ブッダは、ある時、お弟子たちと、こんな問答をなされています。

弟子の阿難に、「そなたは人間に生まれたことを、どう思っているか」と

163

尋ねられると、「大変、喜んでおります」と阿難が答えると、ブッダは、こんな話をされました。

「果てしない海の底に、目の見えないカメがいた。その盲亀が百年に一度、浮かび上がって海面に頭を出すことがあった。

大海には、一本の丸太ん棒が浮いている。

丸太ん棒の真ん中あたりに小さな穴が開いていた。丸太ん棒は風のまにまに、西へ東へ、南へ北へと漂流している。

阿難よ。百年に一度、海面に浮かび上がる盲亀が、浮かび上がった拍子に丸太ん棒の穴に、ヒョイと頭を突っ込むことがあると思うか」

阿難は、即座に「とても、そんなことは考えられません」と答えると、

「絶対にないと言い切れるか」

ブッダが、再度聞かれると「何億年かける何億年には、あるかもしれませ

ん。しかし、無いといってもよいくらい有り難いことだと思います」と答えると、ブッダは、「阿難よ、人間に生まれることは、盲亀が丸太ん棒の穴に頭を突っ込むことが有るよりも、難しいことなんだよ。実に有り難いことなんだ」と言われています。

「有り難い」とは、「有ることが難い」ことで、めったにないことを言います。

（雑阿含経）

ブッダは、また、次のような信じ難い教戒をされています。

人間界に生まれる者は、爪の上の土のごとし。
三途に堕ちる者は、十方の土のごとし。

（涅槃経）

（人間に生まれる者は爪の上の砂のように少なく、三途〔地獄・餓鬼・畜生〕の苦界に生まれる者は宇宙の砂の数ほど多い）

166

第3章　絶望の闇を破る光あり

と説かれています。

地獄界・餓鬼界・畜生界などと聞いても、私たちの想像できるのは、せいぜい「畜生界」ぐらいでしょう。

畜生界は、動物や虫などの境界をいいます。現在、地球上で名のついている生き物は、百七十五万種以上もあると言われます。

未知のものを含めると、三千万種を超えると推測されています。

その中の一つ、アリだけとっても二京匹＊になり、人類の二百万倍を超えると言われます。

仮に、これらの畜生界だけと比較しても、いかに人間界に生まれることが有り難いことかが窺えます。

しかも、ブッダは、この畜生界よりも、餓鬼界や地獄界で苦しんでいるものが多く、人間界に生を受けることは極めて稀なのだよ、とも説かれていま

＊京……1京は、1兆の1万倍。

167

す。

「人身受け難し」は、私たちが仏縁に*あう第一の難関ともいえましょう。

今生こそ苦界から離脱するチャンスなのだ

次の「仏法聞き難し、今已に聞く」とは、どんなことを言われたのでしょうか。

「仏法聞き難し」とは、仏法（阿弥陀仏の本願）を聞くことは、過去世からの仏縁がなければ、絶対にあり得ないことだと説かれています。

ブッダは、阿弥陀仏の本願を聞こうと思う心の起きる不思議さを、こんな例えで説かれています。

「ヒマラヤ山の頂上から、糸を垂らして、その糸を、麓の針の目を通すより

＊仏縁……仏法を聞く機会。阿弥陀仏とのかかわり。

168

第3章　絶望の闇を破る光あり

も難しいことなのだよ」と言われています。

手に持っている針の目に、糸を通すのでさえ難儀なのに、八千メートルを超す山頂から垂らした糸を、麓の、針の目を通すなどは、絶対不可能と言っても過言ではないでしょう。

世間には、せっかく、有り難い人間界に生まれながら、ブッダの教え（仏法）に無縁の方の、いかに多いことでしょうか。

たまたま、ブッダの教え（仏法）と宣伝しながら、ブッダの教えの一部分を指して「これが仏法だ」と吹聴しているものばかり。

ブッダの、出世本懐である阿弥陀仏の本願が、正統に説かれているのは、雨夜の星より少ないようです。この悲惨な現状を見聞きするたびに、「仏法聞き難し」の、ブッダのご遺訓が、つくづく心に浸透します。

まさに「仏法聞き難し」は、私たちの仏縁の第二の難関ともいえましょう。

ここまで小著とのご縁があり、聞き難い、ブッダの教え（阿弥陀仏の本願）を聞かれている人は、よほど、仏縁の深い方々に違いありません。

ブッダは、幾多の難関を突破されてきた皆さんの仏縁を祝福され、次のように激励されています。

この身、今生に向かって度せずんば、

さらにいずれの生に向かってか、この身を度せん

（生まれ難い人間界に生を受けた今生で救われねば、どの境界で救われようか。チャンスは、今しかないのだよ）

ブッダは、「今生こそ苦界から離脱するチャンスなのだよ」と、声を枯ら

第3章　絶望の闇を破る光あり

して励まされている尊いお言葉なのです。

ブッダの激励を聞かれた読者の中には、「オレは、もう高齢だ。何を言わ

れても手遅れだ」と、諦め気分の方もあるでしょう。

だが、年齢や能力などとは、全く関係なく、聞く一つで絶対の幸福に救っ

てくださるのが、阿弥陀仏の本願なのです。

ブッダは、阿弥陀仏の救いについて、簡単明瞭、以下のように励ましてい

られます。

　　諸有衆生　聞其名号

　　信心歓喜　乃至一念

　　　　　　（大無量寿経）

ブッダの、このお言葉を平易に言えば、「どんな人も阿弥陀仏の創られた

171

南無阿弥陀仏の御心を聞く一念に、無上の幸福になれるのだよ」と、優しく説かれています。

「一念」とは、一秒よりも短い時間のことですから、いま臨終の人も救われ、死ねば極楽へ往けるのだ、と断言されています。阿弥陀仏の救いは一念ですから、毛頭手遅れということはないのです。

だから、ブッダは、阿弥陀仏の本願を聞くこと一つを勧めていかれたのです。

> この世から永遠の幸福になることこそが、
> 人間に生まれた唯一の目的なのだよ

最後に、人間に生まれた目的を示唆された、ブッダの、有名なエピソード

172

第3章　絶望の闇を破る光あり

を紹介して、筆を擱きたいと思います。

ブッダは、誕生されると同時に、東・西・南・北の四方に向かって、それぞれ七歩ずつ歩かれ、右手で天を指し、左手で地を指して、「天上天下唯我独尊」と宣言されたと伝えられています。

さすがの、ブッダでも、生まれたばかりの赤ん坊が歩いたり、言葉を発せられたとは思えませんが、ブッダの生涯の教えを示唆する話題として経典に記されています。

まず、四方に向かって七歩ずつ歩かれたことについては、深い意味があると言われています。

ブッダは生涯、苦悩の絶えない迷いの世界を、六つに分けて教えられてい

173

ます。

地獄道・餓鬼道・畜生道・修羅道・人間界・天上界の六つの世界です。

これを「六道」とか、「六界」と言われます。ブッダは、私たちの永遠の生命は、この六界を無限に生死を繰り返し、苦しんできたと説かれています。

これを仏教では「六道輪廻」と言われます。

私たちが人間として生まれてきた究極の目的が、この六道輪廻の苦悩からの離脱とすれば、「七歩」の象徴は極めて妥当ではないかと思われます。

では、その時、ブッダが宣言なされたと伝えられる「天上天下　唯我独尊」とは、何を意味するのでしょうか。

「天上天下」とは、天の上にも天の下にもで　〝宇宙広しといえども〟となるでしょう。

174

第3章　絶望の闇を破る光あり

次の「唯我独尊」は、「ただ我独り尊し」と勝手に解釈して、威張っている人などを「あいつは唯我独尊だ」などと、尊大な意味に使われているようですが、誤解されている仏教用語の一つといえましょう。

ブッダの宣言された「唯我独尊」は、それとは全く異なる意味だと思われます。

「実るほど　頭の下がる　稲穂かな」

と詠まれるように、徳の高潔な方ほど態度は低く、言葉使いも丁重なもの。

ましてや、ブッダが、横柄な言葉を使われるとは思えません。

ブッダの「唯我独尊」の「我」とは、我々ということで、すべての人を言われています。

「独尊」とは、二つとない、ただ独つの尊い使命のことでしょう。

175

されば「唯我独尊」とは、「我々人間は、ただ独つの尊い使命を果たすために生まれてきたのである」という、新生な宣言なのです。

では、私たちが人間に生まれた、ただ独つの尊い使命とは一体、なんでしょう。

それは、阿弥陀仏の本願を聞き開き、この世から絶対の幸福に救われ、地獄・餓鬼・畜生・修羅・人間・天上界の苦悩の世界から、永遠に脱出することです。

ブッダは、六つの苦界で、阿弥陀仏の本願を聞き開き、出世の本懐を遂げられるのは、人間界に生まれた者だけだと励まされています。

「阿弥陀仏の本願を聞信して、この世から永遠の幸福になることこそが、人間に生まれた唯一の目的なのだよ」

176

第3章　絶望の闇を破る光あり

ブッダは生涯教え続けていかれたことでした。

阿弥陀仏の本願に救われ、無上の幸福になった世界をよく「大海」に例えられます。

果てしなく広くて深い大海は、万川が最終に流入する故郷なのです。

数ある山頂に降った雨水も、流れ流れて、一時は、溜め池や湖に滞留しても、やがては必ず、大海に流れ込むのです。

私たちも、さまざまな紆余曲折があろうとも、必ず、光明の広海に流れ込むことがあるのだよ、と、ブッダは、今も叫び続け、阿弥陀仏の本願を聞き開き、けていられるのです。

万川も、ひとたび大海に流入すれば、一味になるように、阿弥陀仏の本願

に救い摂られれば、人種、貧富、能力などとは関係なく、一味平等の幸福に生かされるのです。

では、「どうすれば、その大海に流入できるの？」と、不安にneedられる方もあるでしょうが、ここまで小著を熟読なされた方ならば、もう海辺に降った雨水のように、無上の幸福に生かされる大海は、目前に迫っています。

と思われます。

振り返れば、人生にも山あり、谷ありで、数々のドラマがあったであろうたでしょう。

楽しかったこと嬉しかったこと、幸せだなぁと、独り微笑んだこともあっ

その逆に、苦しみ、悲しみの涙の淵に喘いだことも、幾度もあったであろうと推察します。それらの苦難に耐えて、やっとやっと乗り越えて来られた

第3章　絶望の闇を破る光あり

方もありましょう。

「もっと、あの時、こうしておけばよかった」「これだけ耐えてきたことに、一体、どんな意味があったのか」と、反省したり、悔やんだりされている方もありましょう。

しかし、それらの一切は、人間に生まれた唯一の目的を果たす道程であり、ムダは一つもないのだよ、と、ブッダは、優しく見守ってくだされています。

この瞬間も、一人ひとりが、阿弥陀仏の無量の光明に照らされて、確実に無碍の大道へと進んでいられる主人公なのです。

| 後記 |

ブッダとは、どんな方であったのか

ブッダは、今から約二千六百年前、インドのカピラ城の城主、浄飯王とマーヤー夫人の長男として生まれ、幼少はシッタルタ太子といわれました。

後記　ブッダとは、どんな方であったのか

幼い時から非常に聡明で、学問も武芸も国一番の名師に学ばれましたが、たちまち師匠たちが「もう私たちの教えることが無くなりました」と、辞任を申し出たというエピソードは有名です。

少年時代から思慮深く、冷静な太子は、ある日、鳥が虫を啄むのを見て弱肉強食の世を知り、他を犠牲にしなければ生きてはいけない現実に、深く心を痛められました。

老、病、死を超えた幸せを求めて

太子が成長された、ある日、外出しようと城門を出られた時のエピソードがあります。

183

まず「東の門」を出られると、顔はシワだらけで、腰が曲がり、手は震え、杖をついてヨロヨロと歩く、老人を見て驚かれました。

「誰もが今は若くても、やがて醜く衰えて、邪魔者あつかいにされる時が来るのだ」と知らされ、太子は暗澹たる気持ちになられます。

次に「西の門」を出られた太子は、止まらぬ咳に顔をゆがめ、苦しそうに息をする病人を目撃されて、「今の健康も、一時の安心にすぎないのか」と、強いショックを受けられました。

さらに「南の門」より出られた太子は、葬儀の列に遭遇、目前でピクリとも動かぬ遺体を見て「今は王子としてチヤホヤされている我が身も、やがて必ず、死んでいかねばならぬのか」と愕然とされるのでした。

184

後記　ブッダとは、どんな方であったのか

最後に「北の門」を出られた太子は、すがすがしい修行者の姿を見て、

「老いと、病と、死を超えた、幸せを求めることこそが、私の進むべき道ではなかろうか」と、痛感されたといわれます。

これらの出来事は、シッタルタ太子の「四門出遊」と言われ、広く世に知られています。

城中では目に触れなかった老人や、病人、死人を見られた太子は、

「どんなに健康、地位、名誉、才能、財産に恵まれていても、所詮は、老いと病と死によって見捨てられる時が来るのだ。どんな幸福も続かない」

と知らされ、心からの安心も満足もなかったのでしょう。

宮殿に帰還された太子は、その夜、ふと眼を覚ますと、昼間は着飾り舞い

185

踊っていた美女たちの、淫らな情景が散乱していました。しおらしくて上品な昼間の美しさとは裏腹に、あられもない姿に、騙されていた自身に愕然とされました。

あらゆる娯楽も同様に、一時のごまかしにすぎないのだと気づかれた太子は、ついに出城を決意し奥山深く入られたのです。シッタルタ太子、二十九歳の時でした。

それから六年、真の幸福を求める太子の前人未到の難行苦行が始まりました。

そしてついに、菩提樹の下で「仏」という無上のさとりを開かれたのです。

一口で「さとり」と言っても、仏教には低い「さとり」から最高の「さとり」まで、五十二位の違いがあります。これを「さとりの五十二位」といわ

後記　ブッダとは、どんな方であったのか

れます。

たとえば、大相撲でも序ノ口、幕下、大関、横綱などの違いがあるように、さとりにも、五十二の名称があります。

仏教では、五十二のさとりの最高位を「無上覚」とも「仏覚」とも言われます。

この「無上覚」のさとりを開いた方のみを「仏」とか「ブッダ（仏陀）」と言われるのです。

仏のさとりを開けば幸福の真理を体得します。真理といっても「水は水素と酸素からできている」といった科学的真理や、「1＋1＝2」という数学的真理などもありますが、仏教で言われる真理は、すべての人が絶対の幸福

になれる真理をいいます。

登山にたとえると一合目よりも二合目、二合目よりも三合目と、登るほどに展望が開け、頂上に登りつめると四方八方を見渡すことができるように、無上覚まで到達した方だけが幸福の真理のすべてを体現できるのです。

地球上に今日まで、膨大な数の人が生まれ、死んでいったでしょうが、仏覚まで到達されたのは釈迦（ブッダ）一人です。

ゆえに通常、ブッダと言えば釈迦のことです。

仏教では「さとり」が一段違うと、人間と虫けらほど知恵に差があるといわれます。

こんな話があります。

ある夏の日、一匹のセミが梅の木にとまって、同じ木の梅の実なのに大き

188

後記　ブッダとは、どんな方であったのか

いのやら小さいの、丸いものやら凹んだもの、みんな形が違っているのを見て「納得できぬ」と不思議そうに言いました。

「六月頃、地中から這い出したお前には夏のことしか分からないだろう。お前が地中にいた春という季節には、この木は白い花でいっぱいだった。ハチやチョウが飛んできて荒らされた花は小さな実となり、荒らされなかった花が大きな実になったのだ」と、セミに、どんなに丁寧に説明しても「そんな馬鹿な！」と、通じなかったといいます。

「セミは春秋を知らず」で、地上に出て七日間しか生きられぬセミに、春や秋の話をしてもムダでしょう。

ましてや「冬になると雪というものが降ってくるんだよ」と話しても、聞く耳もたないでしょう。

「さとり」が一段違うと、人間とセミほど知恵に差があるのですから、一段

のさとりも得ていない私たちの知恵と、五十二段も上の、ブッダの智恵とは格段の相異があって当然なのです。

仏教では人間を「凡夫」といいますから、人間の知恵を「凡智」といいます。

それに対して、仏（ブッダ）の智恵を「仏智」といわれます。

仏智を体得されたブッダは、「大宇宙には地球のようなものが無数に存在する」と説かれています。晴天の夜空を見上げると満天にキラメク星が見えます。

私たちの住む地球は、太陽を中心に、水星、金星、火星、木星などの惑星が回っている、太陽系宇宙の一つといわれます。

そんな太陽系宇宙が二千億ほど集まっている世界を銀河系宇宙といい、銀

190

後記　ブッダとは、どんな方であったのか

河系宇宙が千億以上、大宇宙には存在すると天文学ではいわれています。

ブッダは、地球のようなものが千個集まっている世界を「小千世界」といい、小千世界が千個集まった世界を「大千世界」と呼ばれています。ブッダは、これらを総じて「三千大千世界」と説かれています。今日の天文学を言葉を換えて説かれていたのです。

コペルニクス*が、「地球を含めてすべての惑星が太陽のまわりを回っている」と地動説を唱えた時、世界では「地球は静止していて、すべての天体が回っている」と、天動説が信じられていました。その二千年以上も前に、こんな宇宙観が説かれていたとは驚きです。

＊コペルニクス（1473〜1543）

経典は、ブッダの講演集

ブッダが三十五歳でさとりを開かれてから、八十歳で亡くなるまでの四十五年間、ブッダは仏智で体得された真理を伝えるためにインドの各地で、数多くの講演をされました。

その講演を多くの弟子たちが、書き残したのが今日の「経典」（一切経）と言われるものです。『大無量寿経』『法華経』『般若心経』などは、それらの経典の名称です。

ブッダの説かれた「経典」は、七千余巻もあり総称して「一切経」と言われています。いわば「一切経」は、ブッダ一代の「講演集」と言われましょ

後記　ブッダとは、どんな方であったのか

う。

小著の最初のページのカラーの絵は、ブッダの講演集の中の『譬喩経』に

説かれている内容を描いたものです。

画

茂本 ヒデキチ （しげもと ひできち）

昭和32年、愛媛県生まれ。
大阪芸術大学デザイン学科卒業。
現在、同大客員教授。
デザイナー、フリーイラストレーターを経て、墨絵アーティストとして活躍。日本の伝統的な画材「墨」によるドローイングを得意とし、スピード感あるタッチでミュージシャン、黒人、アスリートなどのモチーフを描いた作品は、国内をはじめニューヨークでも話題を呼び、海外からのオファーも多い。
個展やイベント会場で、ライブペイントも行い、短時間で複数枚の紙に同時に墨絵を描くスタイルを生み出した。

装丁・デザイン　遠藤和美

写真　サクラ（静岡県南伊豆町）
提供：アマノイメージズ

監 修

高森 顕徹 （たかもり けんてつ）

昭和4年、富山県生まれ。
龍谷大学卒業。
日本各地や海外で講演、執筆など。
著書『光に向かって100の花束』『歎異抄をひらく』など多数。

著 者

高森 光晴 （たかもり みつはる）

昭和28年、富山県生まれ。
浄土真宗学院　学長。国内、海外で、講演多数。
著書『歎異抄ってなんだろう』（共著）

大見 滋紀 （おおみ しげき）

昭和49年、東京都生まれ。浄土真宗学院　上席講師。
著書『歎異抄ってなんだろう』（共著）

人生の目的　旅人は、無人の広野でトラに出会った

令和5年(2023)7月28日　第1刷発行
令和5年(2023)12月20日　第4刷発行

監修者　高森 顕徹
著　者　高森 光晴　大見 滋紀
発行所　株式会社 1万年堂出版
　　　　〒101-0052　東京都千代田区神田小川町2-4-20-5F
　　　　　　　　　電話　03-3518-2126
　　　　　　　　　FAX　03-3518-2127
　　　　　　　　　https://www.10000nen.com/
印刷所　TOPPAN株式会社

©Mitsuharu Takamori, Shigeki Omi 2023. Printed in Japan
ISBN978-4-86626-081-5　C0095
乱丁、落丁本は、ご面倒ですが、小社宛にお送りください。送料小社負担にて
お取り替えいたします。定価はカバーに表示してあります。

生きる目的を知った人の苦労は、必ず報われる苦労です

なぜ生きる

高森顕徹 監修

明橋大二（精神科医）・伊藤健太郎（哲学者）著

生きる目的がハッキリすれば、勉強も仕事も健康管理もこのためだ、とすべての行為が意味を持ち、心から充実した人生になるでしょう。病気がつらくても、人間関係に落ち込んでも、競争に敗れても、「大目的を果たすため、乗り越えなければ！」と"生きる力"が湧いてくるのです。

（本文より）

「会社人間として働いてきたけれど、何が残ったのか」
「子供が成長した今、何を目標に生きればいいのか」
「趣味に熱中する楽しみは、現実からの逃避ではないのか」
誰もが抱くむなしさ、疑問に、精神科医と哲学者の異色のコンビが、親鸞聖人の言葉を通して答えます。

◎定価1,650円
（本体1,500円＋税10%）
四六判 上製 372ページ
ISBN978-4-925253-01-7

人生の目的は何か

大反響！　読者からのメッセージ

定年退職して二年余りが過ぎたある日、ふと自問したのであります。自分は何のために生きているのか？　また、社会に対して、何の役に立っているのだろう？　自分の人生に自信をなくしていた時、この本を購入しました。一回、二回と読んでいると、心も穏やかになりました。これからの人生に役立つと、確信しております。
（62歳・男性　山口県）

「よし、生きるゾッ！」と強い気持ちになりました。
（41歳・女性　広島県）

人生半ばを過ぎて、子供も成長し、いざ自分のことを考えると、これから先、何を目標にしてゆけばと、不安とむなしさだけが残ります。いらだちさえ感じるようになりました。そんな時、この本に会いました。まさに、私が迷っていた道を切り開いてくれました。何度くり返して読んでもすばらしい！
（52歳・女性　新潟県）

病気になり、死を身近に感じ、こんなに痛い思いまでして、なぜ生きるのか、と思い続けていました。この本を読んで、すごく感動し、心の雲が晴れた思いです。今残された人生を、どう過ごすか、明るい道が開けた思いです。
（49歳・女性　富山県）

歎異抄をひらく

高森顕徹 著

善人なおもって往生を遂ぐ、
いわんや悪人をや（第三章）

（善人でさえ浄土へ生まれることができる、ましてや悪人は、なおさらだ）

なぜ、善人よりも悪人なのか。
『歎異抄』には、親鸞聖人の衝撃的な言葉が数多く記されています。それは、世界の哲学者・文学者にも多大な影響を与えたものばかりです。『歎異抄』の謎が解けた時、私たちの幸せ観、人間観、仏教観は、一変するでしょう。

【主な内容】

● 「弥陀の救いは死後である」の誤解を正された、親鸞聖人のお言葉

● 「念仏さえ称えていたら助かる」の誤解を正された、親鸞聖人のお言葉

● 弥陀に救われたらどうなるの？ 万人の問いに親鸞聖人の回答

● 「南無阿弥陀仏」ってどんなこと？ 「他力の念仏」の真の意味を明らかにされた、親鸞聖人のお言葉

◎定価1,760円（本体1,600円＋税10％）　四六判 上製
360ページ　ISBN978-4-925253-30-7　オールカラー

無人島に、1冊もっていくなら『歎異抄』

大反響！ 読者からのメッセージ

入院中に、友人からいただきました。

絶望の中、先を考える力がなくなった時に、読みました。不思議でした。本当の桜の花が心の中に見えました。何回か読むのをやめましたが、やっぱり読みました。すると、桜が咲きます。不思議。生きていることを感じています。（45歳・女性　熊本県）

今までの人生観が一八〇度変わった。生きていく希望が見いだせた思いがした。（61歳・男性　鳥取県）

主人が亡くなり、寂しくてむなしい日々。

さらに、「末期ガン」の宣告を受けました。死の恐怖との闘いの中、この本に出合いました。手にとって何度も読み返し、心静かな気持ちになり、毎日を過ごしております。ありがとうございました。（82歳・女性　埼玉県）

もう何十年も前に、「無人島に一冊だけ本を持っていくなら『歎異抄』だ」という司馬遼太郎の言にふれて、人生、ある時期に達したら『歎異抄』を読みたいと、ずっと思っていました。私のあこがれの書でした。じっくり読み返したいです。（70歳・男性　東京都）

歎異抄ってなんだろう

たんにしょう

大反響！ 読者からのメッセージ

高森顕徹 監修

高森光晴・大見滋紀 著

不安と、さみしさを感じるようになった時に、この本に出合い、心の中が、ほっと救われたような気分になりました。これからの人生を、明るく一歩一歩、進んでいこう、という気持ちになりました。

（80歳・女性　秋田県）

本書は、仏教の知識のない「はじめての人」向けに書かれたと聞いたので、手に取ってみました。とても分かりやすく、例え話も現実の私たちの生活に即していると感じました。入門書として最適と感じました。文字が大きいのも、高齢者にとって、うれしいことです。

（62歳・男性　岐阜県）

◎定価1,760円　オールカラー
（本体1,600円＋税10%）
四六判 上製　296ページ
ISBN978-4-86626-071-6

全国の書店で販売中。
ご自宅にお届け希望の方は下記の1万年堂出版注文センターへ

（通話無料）**0120-975-732**
平日・午前9時〜午後6時
土曜・午前9時〜12時